U0129235

古代文史名著
二十種精選要編

廖 忠 俊 編著

文史哲出版社印行

國家圖書館出版品預行編目資料

古代文史名著二十種精選要編 / 廖忠俊編著.
-- 初版.-- 臺北市：文史哲出版社, 民 113.09
頁；　公分.
ISBN 978-986-314-687-2（平裝）

1.CST：中國文學　2.CST：中國史
3.CST：文集

820.7　　　　　　　　　　　113014203

古代文史名著二十種精選要編

編 著 者：廖　　　忠　　　俊
出 版 者：文 史 哲 出 版 社
http://www.lapen.com.tw
e-mail：lapen@ms74.hinet.net
登記證字號：行政院新聞局版臺業字五三三七號
發 行 人：彭　　　正　　　雄
發 行 所：文 史 哲 出 版 社
印 刷 者：文 史 哲 出 版 社
臺北市羅斯福路一段七十二巷四號
郵政劃撥帳號：一六一八〇一七五
電話886-2-23511028・傳真886-2-23965656

定價新臺幣三二〇元

二〇二四年（113年）九月初版

推薦序

　　本書《古代文史名著二十種精選要編》的編著者廖老師，他在校求學時，我正擔任中文系所主任兼所長；頃又經由劉前校長，現任名譽教授源俊兄的大力推薦介紹，而又與作者忠俊學棣見面晤談。

　　他很尊師重道，在本書即將付印出版前，特別專程帶著全書打好文稿前來，客氣請我「過目」指導教誨，讓我先睹為快。

　　閱畢全稿之後，我頗欣賞三項：

　　一、第十一章精選要編《徐霞客遊記》旅行過的十六省府縣城市，能以一份簡表（本書頁 114-115）就讓讀者可一目瞭然，極為用心可感。

　　二、第十五章《唐詩三百首》精選要編，從原著者蘅塘退士收錄最多三十九首的杜甫，次多三十四首的李白，再次多二十九首的王維，至僅留世一首卻流傳千古的陳子昂〈登幽州臺歌〉、賀知章〈回鄉偶書〉、王翰〈涼州詞〉、張繼〈楓橋夜泊〉、杜秋娘〈金縷衣〉。此種編輯選介，對現代人來說，也許比原著者編列或為整齊，頗有創意，特此激賞勉勵。

　　三、第十七章《四庫全書》(凡 1500 冊)精選要編，特將史部、(文)集部最精要的文史名著，指明標出冊數所在（本書頁

182-183），用心良善可貴，極有便利讀者探研尋就。

　　本人因曾在大學中文系所執教授課半世紀之久，又有幸為系主任所長多年，並對本書的二十種文史名著多所涉獵；且當年適逢《文淵閣四庫全書》的影印刊行，感覺特別愉悅有緣。

　　要之，本書精選要編妥當，文筆簡明流俐；於是，乃樂於撰序推薦。

　　　　　　　　　　　　　　　　劉兆祐 2024.09.12
　　　　　　　　　　　　　　東吳大學中文系所前系主任、所長

自　序

　　筆者編著《古代文史名著二十種精選要編》，期盼給非中文系、歷史系的大學生及高中生，對研習文史名著有興趣的同學們，一絲絲一點點的幫助。

　　梁・蕭統（501～531）編纂《昭明文選》名著，只選文、史，不選經、子兩部書籍。

　　其《昭明文選・序》有言：

> 若夫姬公（周公）之〔經〕籍，孔父（孔子）之書〔經〕，與日月俱懸，孝敬之准式，人倫之師友，豈可重以芟夷（刪削），加以剪裁！老（子）、莊（子）、孟（子）之流，蓋以立意（子學）為宗，不以（文）集為本；今之所撰，故以(省)略諸。

　　亦即，這套中華現存最早而完整的《總集》，僅取文（集）史，而不取經、子羣籍。

　　清・鄭板橋（1693～1765）〈板橋自序〉亦云：「平生不治經學，愛讀史書以及詩文詞集。」

　　又，清・趙翼（1727～1814）於其名著《廿二史劄記・序》也說：

余資性粗鈍，不能研究經學；惟歷代史書，事顯而義淺，便於流覽，爰取為日課，有所得，輒箚記，積久遂多，而成此編。

概之，因筆者亦愚魯不敏，才淺識薄，難以涉獵而精於經、子兩部。因而編著是書，亦只取文史的二十種名著作精選要編，此乃書名有「文史」之由來，伏請　鑒察為禱。

再者，宋・胡仔（1110～1170）於其《苕溪漁隱叢話後集卷二》有云：

> 古今詩人，以詩名世者，或只一句，或只一聯，或只一篇，雖其餘別有好詩；然播傳於後世，膾炙於人口者，終不出此矣，豈在多哉!如謝(靈運)康樂的「池塘生春草」，林逋〈詠梅花〉的：「疏影橫斜水清淺，暗香浮動月黃昏」；張繼的〈月落烏啼霜滿天，江楓漁火對愁眠，姑蘇城外寒山寺，夜半鐘聲到客船。〉玄真子(張志和・漁父詩)〈西塞山前白鳥飛，桃花流水鱖魚肥。青箬笠，綠蓑衣，斜風細雨不須歸。〉王之渙的〈白日依山盡，黃河入海流。欲窮千里目，更上一層樓。〉等。

則此乃又書名有「精選要編」之原由，敬請　指教是盼。

筆者因緣際會，先後在 2003 年、2011 年及 2024 年，分別於三所專、兼任的大學圖書館，得利用寒暑假，靜心專意努力閱讀《文淵閣四庫全書》（凡 1500 冊）史部、(文)集部之浩瀚書籍，乃有諸多心得感想，遂決意編著此書。

欲將二十種文史名著給予精選要編，以個人極有限之不足

才識與心力時間，誠乃一件費心而辛苦之難事。

此書在今年暑假完稿時，為撰寫「參考書目」，確認已盡全心全力閱覽過極大部分的參考資料，而多次走訪臺大、政大、臺師大、輔仁、東吳等收藏文史著作最、較為豐富的臺北地區各優質大學名校。

由於全球氣候變遷，覺得今年酷夏的陽光特別驕烈，於炎熱大太陽底下，行走於這幾所大學校園內外，極度感受到熾熱陽光加諸於皮膚的曝曬。這種身軀所承受的勞苦艱辛，只有編著者最能體會自知。

然則，「天下無難事，只在有心人。」今編著成書，付印刊行，身心乃又因此而寬釋欣然。

是為序。

廖忠俊　謹識於中秋團圓佳節前
2024.09.16

古代文史名著二十種精選要編

目　次

第一編　漢代至唐代（編錄六種）

第一章　司馬遷及其名著《史記》

一、司馬遷《史記》排列「正史」第一

「正史」名稱，始見於唐初貞觀年間編撰之《隋書‧經籍志》。此志把中國經籍首分為經、史、子、集。

其中，〈史部〉云：

> 自是世有著述，皆擬班〔固〕、馬〔遷〕，以為正史，作者大廣；一代之史，至數十家；唯《史記》、《漢書》師法相傳，並有〔註〕解釋。

二十五「正史」指《史記》、《漢書》、《後漢書》、《三國志》（以上稱之「前四史」）；《晉書》、《宋書》、《齊書》、《梁書》、《陳書》；《（北）魏書》、《（北）齊書》、《（北）周書》、《隋書》；《南（朝）史》、《北（朝）史》；《（舊）唐書》、《新唐書》，《（舊）五代史》、《新五代

史》,《宋史》、《遼史》、《金史》、《元史》、《明史》,
及民國十年,北洋政府徐世昌大總統正式詔令加列《新元史》,
而成為二十五「正史」。[1]

司馬遷,字子長,生於龍門(屬今陝西韓城),時為西漢
景帝(武帝之父)中元五年(西元前一四五年);[2]卒於西漢昭
帝(漢武帝子)始元元年(西元前八六年),得年六十歲。

司馬遷著述此書,原不稱名《史記》;他在此著作第一百
三十篇,即〈列傳〉最末一篇〈太史公自序(傳),稱之《太
史公書》:

> 上記軒轅〔黃帝〕,下至於茲〔今上,即武帝〕,著十
> 二本紀,作十表、八書、三十世家、七十列傳,凡百三
> 十篇,五十二萬六千五百字,為《太史公書》。

至東漢末季靈帝、獻帝時,荀悅《漢記》卷十四:

> 司馬子長幽而發憤,遂著《史記》,始自黃帝,以及秦
> 漢。

史學家錢穆(賓四)教授亦云:「他(史遷)的書本稱《太

---

1 二十五「正史」得名由來,參見《武英殿本四庫全書總目提要》(史部)
　及李宗侗,《史學概要》,頁33-35。
2 王國維,〈太史公行年考〉,《(王)觀堂集林》卷十一;鄭鶴聲,《司
　馬遷年譜》,商務,頁39。

史公書》，並不稱《史記》；直到東漢以後，才漸稱此書為《史記》。[3]

　　史記的註本，以南朝劉宋・裴駰《史記集解》，唐・司馬貞《史記索引》及唐・張守節《史記正義》為最流行；後來，有把三家註合為一本，稱之《史記三家註》。

二、《史記》內容五體百三十篇精要

　　《史記》全書一百三十篇，內容分為十二本紀、十表、八書、三十世家、七十列傳。

　　1.十二本紀：「本」者，指天子君上國統；紀者，記也；記載帝王大事，繫之以年月，稱之「本紀」。凡〈五帝〉、〈夏〉、〈殷（商）〉、〈周〉、〈秦〉、〈秦始皇〉、〈項羽〉、〈（漢）高祖〉、〈呂太后〉、〈孝文〉、〈孝景〉、〈孝武（今上）〉等本紀。

　　2.十表：分有「世表」、「年表」、「月表」；如：〈三代（夏、商、周）世表〉、〈六國（齊、燕、楚、韓、趙、魏）年表〉、〈秦楚之際月表〉等。

　　3.八書：書者，記也；記君國禮、樂、律、曆、天官、封禪、河渠、平準等政典教化天文地理財經等。班固易「書」為「志」，志亦記也。

　　4.三十世家：世家者，指受命地方王侯諸國及其子孫「世」

---

3 錢穆，〈中國古代大史學家──司馬遷〉，《民主評論》四卷八期，頁4。

代「家」族承襲相續之意。有〈魯周公〉、〈越王勾踐〉、〈孔子〉、〈陳涉（陳勝）〉,〈外戚〉,〈蕭（何）相國〉、〈曹（參）相國〉、〈留侯（張良）〉、〈陳（平）丞相〉等世家。

5.七十列傳：列傳者,謂敘「列」立有功名之人臣事跡行狀,令其「傳」於後世也。「列傳」體例有專傳（專敘一人）、合傳（兩人或多人合敘）、類傳（以同類相合從）、附傳（附記於他傳之人物傳）。

專傳：如〈伯夷〉、〈田單〉、〈李斯〉、〈淮陰侯（韓信）〉、〈司馬相如〉列傳等。

合傳：如〈老子韓非〉、〈孫子吳起〉、〈（孔子）仲尼及弟子〉、〈廉頗藺相如〉、〈扁鵲（秦越人）倉公（淳于意）〉、〈衛（青）將軍（霍去病）驃騎〉等。

類傳：如〈循吏〉、〈儒林〉、〈貨殖〉列傳等。

附傳：如〈太史公自序（傳）〉附有其父司馬談之簡傳等。

三、後代史學家對《史記》好評

司馬遷《史記》既排列「正史」二十五史第一,又是中華「紀傳體」「通史」始祖,為史上極偉大之不朽鉅作,因被尊稱為「中國史學（家）之父」,兩千多年來,歷代史家對其歌頌讚美不已:

1.班固《漢書》卷六十二〈司馬遷傳〉贊曰,劉向、揚雄稱讚史遷:

博極群書，有良史之材，其文質，其事核，不虛美，不隱惡，故稱之實錄。

2.唐·司馬貞《史記索引》序云：

史記者，漢太史司馬遷所述，上始軒轅，下訖天漢，作十二本紀，十表、八書、三十世家，七十列傳，凡一百三十篇，勒成一家，其勤至矣。

3、宋·鄭樵《通志》總序云：

司馬氏之書，通黃帝、堯、舜至於漢世，分爲五體：本紀、世家、表、書、列傳，使百代而下，史官不能易其法，學者不能捨其書。六經之後，惟有此作。

4、清·趙翼《廿二史箚記》云：

司馬遷參酌古今，創爲全史：本紀、世家、十表、八書、列傳，總彙於編中。自此例一定，歷代作史者，遂不能出其範圍，信史家之極則也。

5、民國·杜維運教授《中國史學史·第一冊》說：

史記是中國史上最偉大的史學著述，兩千多年餘，沒有

另外一部史書可以代替它在中國上古史上的地位。

6、阮芝生教授在〈史記的特質〉一文，推崇讚嘆：

　　《史記》是「正史」鼻祖，屬史部；又是「散文大宗」，
　　可列集部；它真是一部偉大的文史作品。

　　要之，《史記》記載跨越悠久時代的帝王及人物等，包羅萬象，涵括經、史、子、集四部，為體大思精之「通史」；而作者司馬遷乃富良史之材，其開創「紀傳」史體，使後代史家續作，皆祖述其法，莫能出其範圍，因此博得排列「正史」二十五史的第一史。所以，《史記》真是中華史上偉大不朽的歷史鉅著絕作，且著作者司馬遷因而贏得「中國史學（家）之父」佳名美譽。

第二章 班固及其名著《漢書》

一、班固傳略及其紀傳體「斷代史」《漢書》

　　班固生於東漢第一位皇帝漢光武帝建武八年（公元 32 年），卒於和帝（劉秀光武帝曾孫，明帝劉莊之孫）永元四年（公元 92 年），終年六十一歲。

　　要瞭解班固（孟堅、蘭臺）生平繫年傳略，及其歷史名著《漢書》，宜先閱讀其《漢書》卷一百〈敘傳〉及范曄《後漢書》〈班彪（附子班固）列傳〉：

《漢書·敘傳》略述：

> 　　（班）彪字叔皮，有子曰固；〔明帝〕永平中為郎，典校秘書，專篤志於博學，以著述為業。……故探纂前記〔史記〕，綴輯所聞，以述《漢書》，起元高祖（高帝），終於孝平、王莽之誅，十有二世，二百三十年，綜其行事，旁貫五經，上下為紀、表、志、傳，凡百篇。

《後漢書》〈班彪（附子固）〉列傳：

班彪字叔皮，扶風〔屬今陝西西安咸陽〕人。……彪乃繼采前史〔史記〕遺事，傍貫異聞，作後傳數十篇……今此後篇，慎覈其事，整齊其文，**不為世家**，唯紀、傳而已。建武三十年，（彪）年五十二，卒官。二子：固、超。固字孟堅，能文詩賦，博貫載籍，九流百家之言，無不窮究，諸儒慕之。父彪卒，固乃潛精研思，欲就其父業……顯宗（明帝）召詣校書郎，除〔授官〕蘭臺令史，遷為郎，典校秘書；帝乃復使終成著書……固故探撰前記，綴集所聞，以為《漢書》。起元高祖（帝），終於孝平、王莽之誅，十有二世，二百三十年，綜其行事，傍貫五經，上下為紀、表、志、傳凡百篇。固自〔明帝〕永平中始受詔，至〔章帝〕建初中乃成；當世甚重其書，學者莫不諷（讀）誦焉。……〔和帝永元四年〕死時年六十一。

二、《漢書》內容紀、表、志、傳百篇精要

班固《漢書》百篇內容，計有十二紀（改史遷〈本紀〉為〈紀〉），八表，十志（改史遷〈書〉為〈志〉），不為〈世家〉，及七十〈傳〉（改史遷〈列傳〉為〈傳〉）；「整齊其文」，四體（紀、表、志、傳）皆為一字單詞，凡百篇；其精要概述如下：

1.十二紀：為〈高帝（劉邦）〉、〈惠帝（劉盈）〉、〈高后（呂雉）〉、〈文帝（劉恒）〉、〈景帝（劉啟）〉、〈武

帝（劉徹）〉、〈昭帝（劉弗陵）〉、〈宣帝（劉詢）〉、〈元帝〉、〈成帝〉、〈哀帝〉、〈平帝〉等十二紀。其中，文帝在位二十三年，景帝在位十六年；近四十年間，國家殷富安定，百姓安居樂業，史上譽稱「**文景之治**」；為接續的武帝舖陳政治坦途。而武帝之立，卓然表彰六經儒術，又伐匈奴，通西域。在位五十四年，享有高壽七十歲，為西漢（及東漢）在位最長久帝王，其「雄才大略」，造就了大漢盛世。

2.八表：有〈異姓諸侯王〔如韓信、彭越〕表〉，〈〔同姓〕諸侯王（代王劉恒、膠東王劉徹；劉肥、劉長、劉勝等）表〉，〈高、惠、高后、文帝功臣（蕭何、曹參、張良、陳平、周勃、韓信等）表〉，〈外戚恩澤侯（衛青、霍去病、霍光等）表〉，〈百官公卿表〉及〈古今人表〉等。

其中，〈古今人表〉竟述自黃帝以下至西漢，把古今人物列分九等（上上聖人、上中仁人、上下智人；中上、中中、中下；下上、下中、下下愚人）：

「上上聖人」有黃帝、堯、舜、禹、湯、文王、武王、周公、仲尼（孔子）等。

「上中仁人」有伊尹、管仲、左丘明、子思、孟子、荀子等。

「智人」有董狐（春秋・晉國史官）、齊太史（史官）、范蠡等。

「中上」第四等人有老子、韓非等。

最末第九等「下下愚人」有妲己（商紂王妃）、褒姒（周幽王妃）等。

此〈古今人表〉，近兩千年來，聚訟爭議最多，尤其是把道家老子列為第四等（儒家孔子列第一等上上聖人），反差太過，大多認為失當。

唐・劉知幾《史通・表歷》：

異哉！班氏之〈古今人表〉，區別九品，網羅千載，不知剪裁，何斷而為限〔西漢斷代史〕乎？

南宋・鄭樵《通志・總序》云：

班固以〈古今人（物）表〉，彊立差等，他人無此謬也。

清・錢大昕《二十二史考異》卷六，〈漢書・古今人表〉：

引張晏註曰：老子玄默，仲尼所師，雖不在聖，要為大賢，而何在第四？

清・浦起龍《釀蜜集》卷二云：

班固〈古今人物〉一表，強分九品，為識者所笑也。

3.十志：班固改史遷之〈書〉為〈志〉，名目不同其義則一，因「志」即「書記」也。有〈律曆〉、〈禮樂〉、〈刑法〉、〈食貨〉、〈郊祀〉、〈天文〉、〈五行〉、〈地埋〉、〈溝洫〉、〈藝文〉等十志。

其中〈地理志〉與〈藝文志〉是史遷《史記》所無，乃班固《漢書》新增，為歷代文史學家頌揚讚美。

〈地理志〉：敘述地理沿革，篇首收錄《尚書‧禹貢》全文，富有寶貴史料價值。

其次，先言九州（豫、揚、青、冀、兗、幽、并、雍、荊州），次列京兆尹及諸郡、國、地區。

可惜，被章學誠《文史通義》〈永清縣志輿地圖序例〉批評：

> 班固《漢書‧地理（志）》無圖，讀史而不見其（地）圖！

〈藝文志〉：此志可知曉中華學術思想源流派別，乃開中國經籍藝文目錄學之始端，影響後世廣大深遠。（因此，後代續有《隋書‧經籍志》、《舊唐書‧經籍志》、《新唐書‧藝文志》、《宋史‧藝文志》、《明史‧藝文志》、《清史稿‧藝文志》，可見影響深廣）。

《漢書‧藝文志》是依西漢‧劉歆之〈七略〉，刪去（輯略）成為〈六略〉：

(1)六藝（易、書、詩、禮、樂、春秋）略及《論語》、《孝經》、《爾雅》等。

(2)諸子略：儒、道、陰陽、法、名、墨、縱橫、雜家。

(3)詩賦略：屈原、宋玉、枚乘、司馬相如、揚雄等。

⑷兵書略：孫子、吳起、韓信等兵法。

⑸術數略：堪輿、宅地、相人等。

⑹方技略：《黃帝內經》、扁鵲、倉公醫藥方技。

4.七十傳：有〈陳勝項籍傳〉（把《史記‧項羽本紀》及〈陳勝世家，皆改為〈傳〉〉）；〈蕭何曹參傳〉（「不為世家」）；〈衛青霍去病傳〉（比《史記‧衛將軍驃騎傳》整齊明瞭）；〈董仲舒傳〉（班固增立〈賢良對策〉及〈天人三策〉至文）；〈司馬相如傳〉；〈張騫李廣利傳〉；〈司馬遷傳〉（此篇末，班固增立〈報任安（少卿）書〉，乃極可貴史料文章）；〈東方朔傳〉；〈霍光金日磾傳〉；〈揚雄傳〉；〈儒林傳〉（伏生、申公、轅固、韓嬰、毛公等）；〈西域傳〉（《史記》無此傳，只有〈大宛列傳〉；〈王莽傳〉；及最末第七十傳〈敘傳〉：

> 固述《漢書》，起元高祖，終於孝平、王莽之誅，十有二世，二百三十年，綜其行事，傍貫五經，上下為紀、表、志、傳凡百篇。

歷代注解《漢書》者，以唐‧顏師古《漢書敘例》及清‧王先謙《前漢書補注》，為最通行之極佳注本。[1]

三、歷代史家對《漢書》好評

---

1 李威熊，《漢書導讀》，第八章，〈漢書註本及有關漢書的重要著述〉。

　　班固《漢書》是中華第一部紀傳體的「斷代史」史書，後代續入「正史」者，除唐‧李延壽之《南（朝）史》、《北（朝）史》外，其餘皆沿襲《漢書》斷代史體例，它又排名二十五「正史」第二；所以，後代史家對班固《漢書》乃多讚譽稱揚：

　　1.（南朝）宋‧范曄《後漢書‧班彪列傳（附子班固）》：

　　固能文詩賦，博貫載籍，潛精積思，受詔成就《漢書》，當世甚重，學者莫不讀誦焉。

　　2.唐‧劉知幾《史通》卷一：

　　　《漢書》者，究西都之首末，窮劉氏之廢興，包舉一代，撰成一書〔斷代史書〕，言皆精練，事甚該密，自爾迄今，無改斯道。

　　3、清‧王鳴盛《十七史商榷》卷七：

　　　班書紀事詳瞻，其〈藝文志〉、〈地理志〉最能呈現特色優點。

　　4.清‧王先謙《（前）漢書補註》〈序例〉：

　　　班書〈地理志〉，立來史之準繩，使後人相資，可謂功存千古者也。

　　5.民國‧李威熊教授讚揚：

班固是史學家，也是文才辭賦家；《漢書》是文學的歷史，也是歷史的文學，在中國史上具有崇高地位。[2]

6.王明通教授於〈漢書之影響〉推崇：

班固《漢書》影響後世廣大，規範來者深遠。[3]

概括歷代好評，班固博覽群籍，載錄豐盛，深富良史之才；且《漢書》紀事詳贍，辭賦精彩，文史俱美，影響後世深遠廣大。

---

2 李威熊，《漢書導讀》，頁 63。
3 王明通，《漢書導論》，頁 441。

第三章　王羲之及其著名文篇〈蘭亭集序〉

一、王羲之家世年表

　　王羲之，字逸少，祖籍琅琊臨沂（屬今山東臨沂），後隨父母南遷江蘇（建康，今南京）浙江（會稽山陰，今紹興）；是晉代（西晉與東晉之際）人物。其生年約為西晉第二位皇帝的惠帝（司馬衷）太安二年（公元 303），卒年在東晉穆帝最末一年的昇平五年（361），終年五十九歲。

　　他的書法學自衛夫人，心向臨摹東漢末季書法家張芝（伯英）、三國・魏的鍾繇（151～230），盡得真（楷）、行、草等諸體神妙，又能集眾家之長，加上自己的獨創心得筆法，近一千七百年來，被世人公認為最著名的大書法家，尊稱「書聖」；尤其他的「行書」〈蘭亭（修禊）集序〉更被歷代名書法家讚歎歌頌，推稱為「神品」或「無上妙品」。

　　他祖居於北方琅琊（今屬黃河流域山東），後因戰亂而隨父母南遷長江及錢塘江流域。西晉第三位皇帝司馬熾（懷帝）永嘉五年（311），北方匈奴族劉曜（劉淵之侄）攻陷京城洛

陽，懷帝被俘，史稱「永嘉之亂」，開啟「五胡亂華」世代；懷帝被擄至劉淵帝城所在平陽（今江西臨汾），兩年後遇害；西晉「秦王」司馬鄴即位於長安（今西安），是為第四位，也是西晉最末代皇帝，年號建興，是為西晉愍帝。

建興四年（316），劉曜又率領大軍直搗西南，攻陷長安京城，愍帝也被俘擄至平陽，西晉滅亡。

第二年（317），琅琊王司馬睿靠中原遷入江南的王導、王敦等世族大家及將領擁護，移鎮建康（今南京），旋即帝位，改元建武元年（317），是為東晉第一位皇帝元帝，從而偏安江左，史稱「東晉時代」。

這一段歷史（西晉滅亡）、地理（由北方琅琊至南方蘇浙，改稱東晉），與王羲之的千古名文〈蘭亭集序〉有著極密切的相連關係。

他出身於琅琊世族大家，父親王曠曾任丹陽（約今南京）太守；伯父王敦（266～324）與堂弟王導（276～339），由於擁助琅琊王司馬睿（276～322）移鎮建康稱帝有功，分任大將軍掌兵權與宰輔丞相之文武最高階職位，因而時稱「王與馬，共天下」。

茲以下表格簡列說明之

王羲之生平傳略年譜

歲數	年　代	大事記
1 歲	西晉惠帝（司馬衷）太安二年（公元 303 年）	出生於琅琊臨沂（今屬山東）。
2 歲	太安三年（304）	父親王曠任丹陽（今南京）太守。
9 歲	懷帝（司馬熾）永嘉五年（311）	匈奴族劉曜（劉淵侄）攻陷洛陽，俘虜晉懷帝，史稱「永嘉之亂」。
11 歲	愍帝建興元年（313）	懷帝被殺於平陽（臨汾），司馬鄴即位，是為愍帝。
14 歲	建興四年（316）	劉曜又攻陷長安，愍帝出降，西晉亡。
15 歲	東晉元帝元年（317）	琅琊王司馬睿移鎮建康（南京），即位成為元帝。
23 歲	東晉明帝太寧三年(325)	初任官職「秘書郎」。
27 歲	東晉成帝咸和四年（329）	升任江右（今江西）臨川太守。
32 歲	咸和九年（334）	入都督六州軍事征西將軍庾亮幕府「參軍」。
47 歲	東晉穆帝永和五年（349）	入京建康擔任「護軍將軍」。
49 歲	永和七年（351）	出任右軍將軍（世稱王右軍）暨會稽內史。
51 歲	永和九年（353）	三月三日上巳日**在會稽「蘭亭」集會**修禊，飲酒作詩，微醉乘興寫下千古名文〈蘭亭（集）序〉。
53 歲	永和十一年（355）	伯父王導及過去追隨長官庾亮、庾翼兄弟在六年內（339～345）先後去世，羲之感慨「終期於盡，死生亦大矣」；又因嚮往神仙服食丹藥修道，乃告誓離開官場生涯，隱退浪跡於山水之間，而終老於（浙江）嵊縣（在紹興蘭亭東南方）。
59 歲	穆帝昇平五年（361）	羲之蓋因誤食過量有鉛、汞含毒成份丹藥，身心漸漸衰竭而卒，終年五十九歲，帝賜「金紫光祿大夫」官品，諸子遵父先旨，固讓不受。

二、「天下第一行書」〈蘭亭集序〉

　　東晉穆帝永和九年（353）暮春之初（農曆三月三日上巳日），時年五十一歲的「右將軍會稽內史」王羲之，以東道主邀集文人雅士、官員好友及王府子弟等，合共四十二人，「會於會稽山陰之蘭亭，修禊事也」。

　　按，古人（特別是文人雅士）會依照習俗，於農曆三月三日暮春踏青聚會，舉行「修禊」典禮儀式，祝禱消災祈福。地點通常在水流彎曲處濱岸，便於置放羽觴（能浮起酒杯）於水上，當酒杯隨流轉停在參與修禊人之面前，此人即自水上取觴飲酒，吟詩作樂一番，如吟不成詩者，罰酒三大杯。

　　那天，參加修禊者有：王羲之、「司徒」謝安、「司徒左西屬」謝萬、孫綽、徐豐之、「前餘姚令」孫統、王凝之、王肅之、王彬之、王徽之、陳郡袁嶠之（此十一位，當日吟成四言與五言詩各一首，合二首。

　　「散騎常侍」郗曇、王豐之、「前上虞令」華茂、穎州庾友、虞說、魏滂，謝繹、穎川庾蘊、孫嗣、曹茂之、徐州曹華、滎陽桓偉、王玄之、王蘊之、王渙之（以上十五人，各吟一首四言或五言詩句）。

　　「侍郎」謝瓌、丘髦、羊模、卞迪、王獻之、孔熾、劉密、「山陰令」虞谷、勞怡、后綿、華耆、「前餘姚令」謝滕、任儗、任城呂系、任城呂本、彭城曹諲（以上十六位，當天未吟

成詩，依習俗罰酒三巨觥，即三大杯）。[1]

　　是日，「群賢畢至，少長咸集；流觴曲水，列坐其次；暢敘幽情，遊目騁懷」；「故列敘時人，錄其所述」。

　　羲之在酒酣意足之時，因微醉，樂乘興懷，「有如神助」，一氣呵成，用鬚毛筆揮灑書寫於蠶繭紙上，以神來之筆撰就寫下此文、情、景三絕之最代表作千古名文〈蘭亭（修禊）集序（敘）〉：

　　　永和九年，歲在癸丑，暮春之初，會於會稽山陰之蘭亭，修禊事也。群賢畢至，少長咸集。此地有崇山峻嶺，茂林修竹；又有清流激湍，映帶左右。引以為流觴曲水，列坐其次；雖無絲竹管絃之盛，一觴一詠，亦足以暢敘幽情。

　　　是日也，天朗氣清，惠風和暢；仰觀宇宙之大，俯察品類之盛，所以遊目騁懷，足以極視聽之娛；信可樂也！

　　　夫人之相與，俯仰一世，或取諸懷抱，晤言一室之內；或因寄所託，放浪形骸之外。雖取舍萬殊，靜躁不同；當其欣於所遇，暫得於己，快然自足，曾不知老之將至。及其所之既倦，情隨事遷，感慨係之矣。向之所欣，俯仰之間，已為陳跡，猶不能不以之興懷；況修短隨化，

1　宋・桑世昌撰，〈蘭亭（集序）考〉，收錄在《文淵閣四庫全書》（凡1500冊）的第682冊，頁76～80。李凌，《蘭亭書藝》，頁188-192。

終期於盡。古人云：「死生亦大矣」，豈不痛哉！

每覽昔人興感之由，若合一契；未嘗不臨文嗟悼，不能
喻之於懷。固知一死生為虛誕，齊彭殤為妄作。後之視
今，亦猶今之視昔；悲夫！故列敘時人，錄其所述。雖
勢殊事異，所以興懷，其致一也。後之覽者，亦將有感
於斯文。

　　這篇〈蘭亭集序〉，「原稿真蹟」為二十八行，三百二十
四字；書法遒勁飄逸，體勢飛揚俊暢，令人再三品賞，為之愛
不釋手，神采造詣，嘆為觀止矣！
　　據傳，羲之在酒醒之後，更寫十數次，但皆不能及於當初
第一次的「酒興即作」。因此，他本人及其後代，視之為「傳
家之寶」；後世書法家且奉作「書法至尊」，更讚歎論賞推稱
「天下第一行書」。
　　行書，介於真（楷）書與草書之間的字體；它也許不願一
般楷書的持重嚴刻，單調而少變化；而它也不像草書那樣狂放
潦草，不易辨識。
　　行書寫起來，飄逸流動，比楷書快捷靈活；認起字來，又
比草書清楚易辨；所以，行書會讓人感覺比較便於揮運，瀟灑
活潑，接納兼顧楷、草優點，因此又別稱「行楷」、「行草」、
「半草行書」等。
　　依據唐・何延之〈蘭亭始末記〉載述，王羲之的〈蘭亭序〉
原稿真跡一直傳到第七代孫，永欣寺的智永禪師；及智永師

圓寂，轉傳其弟子辨才（唐人，俗世姓袁）。

之後，因唐太宗嗜愛品玩「書聖」眾多作品，唯獨久聞其名的〈蘭亭集〉卻一直未曾鑒賞；於是，乃有監察御史「蕭翼智取賺蘭亭」的典故。

皇上既得致此天下難得一見的珍稀至品，就命宮廷拓書人馮承素拓摹並成為當時公認最像原跡的「神龍本蘭亭」（因高宗子李顯，中宗，有年號「神龍」，其鑒賞後以「神龍」兩字鈐記印章，故得名。）此「神龍本」，今藏於北京故宮博物院。

帝又諭命虞世南、歐陽詢、褚遂良三大當代書法家臨摹，其中「褚（遂良）本」，現珍藏於臺北外雙溪故宮博物院。

貞觀二十三年，太宗駕崩前，更遺命太子李治（旋嗣位為高宗）與顧命輔政大臣褚遂良，貯藏真跡〈蘭亭序〉入玉匣，後陪殉貞觀皇帝秘葬於「昭陵」陵寢。

三、歷代皇帝及書法名家讚論〈蘭亭序〉

王羲之〈蘭亭序〉書法，既為「古今天下第一」，故歷代皇帝及書法名家都品論而讚歎稱美：

1.唐太宗特撰《晉書‧王羲之傳》而讚論：

> 詳察古今，研精求書，盡善盡美，其惟王逸少（羲之）乎！觀其點曳之工，裁成之妙，鳳翥〔飛〕龍蟠〔躍〕，玩之不覺為倦；心慕手追，此人而已。

2.唐‧孫過庭〈書譜‧序〉：

　　右軍之書，代多稱習，良可據為宗匠，取立指歸；其〈蘭
　　亭集序〉，思逸神超……孔子仲尼云：「五十知命，七
　　十從心」，是以右軍之書，末年多妙，志氣平和，風規
　　自遠。

3.唐‧張懷瓘《書斷（列傳‧王羲之）》
　　晉王羲之，字逸少，王曠之子；善書，精諸體，自成一家
法，千變萬化，得之神功，俱入神妙……穆帝永和九年，暮春
三月三日，於山陰修褉之禮，揮毫製〈蘭亭序〉，興樂而書，
遒媚勁健，絕代更無，凡二十八行，三百二十四字。
4.北宋徽宗《宣和書譜》卷十五〈王羲之〉：

　　時人稱其筆勢，以為飄若遊雲，矯若驚龍。尤為從伯司
　　徒王導所器重，當時朝廷公卿，皆愛其才……其書法為
　　世所重，梁武帝評之曰：勢如龍躍天門，虎臥鳳閣，故
　　歷代寶之。

5.明‧董其昌《畫禪室隨筆‧卷一論書章法》：

　　右軍〈蘭亭敘〉章法，為古今第一，其字隨手所如，皆

入法則，所以為神品也。[2]

　　6.清康熙帝書寫〈蘭亭序〉全文而刻紀念石碑置於當年修
禊原址；又，乾隆帝多次御覽欣賞〈蘭亭序〉世傳摹本，並鈐
記「乾隆御覽之寶」、「乾隆鑑章」、「三希堂精鑑璽」等印
章。足見歷代皇帝及書法名家都珍寶讚賞王羲之所書寫，被視
為「天下第一行書」的神品〈蘭亭（集）序〉。

2 《王羲之志》，附錄三，〈歷代評論選輯〉。

第四章　陶淵明著名詩文辭賦精要簡編

一、陶淵明生平事略

陶淵明是中華文學史上極富盛名的詩人作家之一，其詩清澹自然，率真盾樸，志趣高妙，渾然天成；被稱譽為「田園派隱逸詩人」。

自唐（孟浩然、白居易等）宋（蘇東坡、楊萬里等）讚歎推崇之後，其詩文地位越高，影響也越深遠。

淵明字元亮，東晉人；至劉裕廢東晉改建（劉）宋，他改名「潛」，自號「五柳先生」；卒後，被友好私諡「靖節」。

他大約生於東晉廢帝太和四年（369），家鄉潯陽柴桑（今江西九江附近）；卒於南朝劉宋文帝（劉義隆，武帝劉裕第三子）元嘉四年（427）。

他的曾祖父為東晉著名大臣陶侃，曾任侍中，太尉，都督，荊、江刺史，進贈大司馬。祖父陶茂，官任武昌太守。父陶敏，只任一般小官，而家道中落。

淵明青少年時，好讀書於孔儒六經聖學，不求甚解；及長，

又受老莊玄學隱逸思潮影響，乃「儒道（玄）兼修」。

東晉孝武帝太元二十一年（396），淵明二十八歲，初仕「江州祭酒」；後轉任桓玄（桓溫之子）幕僚及劉裕鎮軍之參軍等職。

其後，三十七歲又任**彭澤令**（今江西九江東北），但才上任八十多天，因「**不爲五斗米折腰**」哈身，乃解職歸去並賦千古流傳的〈**歸去來（兮辭）**〉，辭官退隱歸里。

他的忽仕忽隱，北宋蘇東坡認為是其個性率真清高所致；其實原故，還有「母老子幼，就養匱貧」而不得不出仕救窮養家；以及後來深痛桓玄及劉裕方鎮軍閥的擅權爭戰奪位，且對付朝廷並篡廢東晉，更改元為劉宋新朝皇帝。（所以，劉宋出現，改名為「潛」，意欲隱潛不再出仕之意）。

五十六歲，顏延之任「始安太守」，途經潯陽，至淵明舍酣飲，自晨達昏。

五十九歲，劉宋（文帝）元嘉四年，淵明卒，好友顏延之作〈陶徵士誄〉，諡曰「靖節」。

淵明辭官彭澤令，寫下〈歸去來（兮辭）〉而退隱田園，為其一生行傳之分水嶺，解脫仕宦羈絆，重返自然，超逸曠達，讓他「立言」成就了其傳世千載以上的不朽詩文辭賦。

南朝梁‧沈約《宋書‧隱逸傳》，唐‧房玄齡（等二十一人奉撰）《晉書‧隱逸傳》及唐‧李延壽《南（朝）史‧隱逸傳》之〈陶淵明傳〉大略相同，茲綜閱融和採得其傳如下：

　　陶淵明，字元亮，潯陽柴桑人。曾祖（陶）侃，晉大司

馬。淵明少有高趣，宅邊有五柳樹，著〈五柳先生傳〉
自況。親老家貧，起為（江）州祭酒，不堪吏職，少日
自解歸。復為鎮軍參軍；最後為彭澤令。督郵至，吏白
（告知）應束帶見之，嘆曰：我不能為五斗米折腰，即
去職，賦〈歸去來（辭）〉。顏延之為始安郡守，途經
造訪，酣飲。淵明有酒，與造訪者飲，若先醉，便語客：
「我醉欲眠，卿可去」，其真率如此。不解音律，而蓄
弦琴，每酒適，撫弄寄其意，曰：「但識琴中趣，何勞
弦上聲」。以曾祖（陶侃）晉世宰輔，恥復屈身後代（劉
宋），不復肯仕。元嘉四年，卒，世號「靖節先生」。
所有詩文集，行於世。

二、《陶淵明集》精要詩文辭賦採編

　　宋代著名詩評家胡仔（1110～1170）《苕溪漁隱叢話（前
集六十卷後集四十卷）‧後集卷二》，苕溪漁隱（胡仔）按語
評敘曰：「古今詩人，以詩名世者，或只一句，或只一聯，或
只一篇，雖其餘別有好詩，然播傳於後世，膾炙於人口者，終
不出此矣，豈在多哉？」

　　因是，吾人於《陶淵明集》[1]，亦採編其精要（名篇名句）
而已，伏請鑒察。

（一）卷三〈飲酒二十首（之一，五言詩）〉

1　《文淵閣四庫全書》第 1063 冊，錄有《陶淵明集》。

結廬在人境，而無車馬喧。問君何能爾，心遠地自偏。
採菊東籬下，悠然見南山。山氣日夕佳，飛鳥相與還。
此中有真意，欲辨已忘言。

　　按，蘇軾《東坡題跋・卷二》〈題淵明飲酒詩〉：「採菊
東籬下，悠然見南山。」此句最有妙處。
　　王國維《人間詞話》

詞有有我之境，有無我之境。「採菊東籬下，悠然見南
山」，無我之境也。古人為詞，寫無我之境者少，此在
豪傑之士能自樹立耳。

（二）卷四〈雜詩十二首（之一）〉

人生無根蒂，飄如陌上塵。……得歡當作樂，斗酒聚比鄰。
盛年不重來，一日難再晨。及時當勉勵，歲月不待人。

（三）卷六〈桃花源記〉

晉太元中，武陵人捕魚為業，緣溪行，忽逢桃花林，落
英繽紛。林盡水源，山口有光，便捨船，從口入，豁然
開朗。有良田種作，男女衣著，悉如外人。黃髮垂髫，
怡然自樂；見漁人，問所從來。村中自云先世避秦時亂，
來此絕境。問今何世，乃不知有漢，無論魏晉。停數日，
辭去。及郡下，謁太守說如此。太守即遣人隨其往，尋

向所誌，遂迷不復得路；後遂無問津者。

這篇神逸小品散文，虛構與官場黑暗面相對立之「桃花源」玄道理想社會境界，寓意深遠。

（四）卷六〈五柳先生傳〉

先生宅邊有五柳樹，因以為號。不慕榮利，好讀書。嗜酒，家貧不能常得；親舊或置酒招之，造飲盡醉，既醉而退。環堵蕭然，不蔽風日，簞瓢屢空，晏如也。常著文章自娛，頗示己志。忘懷得失，以此自終。贊曰：不戚戚於貧賤，不汲汲於富貴。酣觴賦詩，以樂其志。無懷氏之民歟？葛天氏之民歟？

按，此文蓋淵明自傳，因見沈約《宋書・隱逸傳》：「淵明少有高趣，宅邊有五柳樹，著〈五柳先生傳〉自況」可知；《晉書》、《南（朝）史》〈隱逸傳〉，亦同。

或謂，暗寓恥復屈身不仕劉（裕）廢篡東晉，而能「文章自娛，忘懷得失，不戚戚於貧賤，不汲汲於富貴，酣觴賦詩，以樂其志。」

（五）卷五〈歸去來兮辭〉

歸去來兮，田園將蕪胡不歸？悟已往之不諫，知來者之可追。實迷途其未遠，覺今是而昨非……引壺觴以自酌，

倚南窗以寄傲，策扶老〔竹杖〕以流憩，時矯首〔抬頭〕而遐觀。雲無心以出岫〔寓出仕〕，鳥倦飛而知還〔退隱〕。歸去來兮，悅親戚之情話，樂琴書以消憂。……木欣欣以向榮，泉涓涓而始流。善萬物之得時，感吾生之行休。富貴非吾願，帝鄉〔仙境〕不可期。懷良辰以孤往，或植杖而耘耔，登東皋以舒嘯，臨清流而賦詩。聊乘化以歸盡，樂夫天命復奚疑！

　　按，此文超然灑脫，恬澹高趣，神飛飄逸，獨到樹立，為《陶淵明文集》壓卷稱冠之作，後人誦讀再三，流傳千古。所以，南宋末年，李公煥《箋註陶淵明集・卷五》援引北宋文學家歐陽修文忠公曰：「晉無文章，惟陶淵明〈歸去來辭〉一篇而已。」其評價推崇如此！

三、歷代文人對陶淵明之推尊讚歎

　　陶淵明既是「田園詩派」始祖宗師，歷代詩人、文學家、評論家給予極高推讚歎賞。

1.鍾嶸《詩品》評介

淵明文體省靜，篤意真古，每觀其文，想見人德，古今隱逸詩人之宗也。

2.蕭統（梁・昭明太子，501～531）《文選》

淵明少有高趣，博學，善屬文，穎脫不群，任真自得。

3.北宋・王安石（1021～1086）

淵明詩奇絕不可及，詞采精拔，晉、（劉）宋之間，一人而已。

4、南宋・楊萬里（1127～1206）

淵明之詩，**如春之蘭，秋之菊，松上之風，澗下之水也。**

5.南宋詩評家嚴羽《滄浪詩話》〈詩評〉

晉以還，（古）詩方有佳句。如淵明「採菊東籬下，悠然見南山」；淵明之詩，質而自然耳。

6.宋末元初・趙孟頫（書、畫、文學家，1254～1322）

孔子曰：隱居以求其志，行義以達其道，吾聞其語，未見其人；嗟呼（讚嘆詞）！如五柳先生近之矣。

7.明・唐順之（1507～1560）〈答茅（坤）鹿門知縣〉

陶彭澤信手寫出，便是宇宙間第一等好詩，何則？其本

色高也。

8.清末民初‧王國維《人間詞話》

> 詞有有我之境，有無我之境。「採菊東籬下，悠然見南
> 山」，無我之境也。古人為詞，寫無我之境少，此在豪
> 傑之士能自樹立耳。

要之，陶淵明的詩文辭賦，由古至今，受到廣大的推尊讚
歎，影響深遠。

第五章　蕭統《昭明文選》精要概編

一、蕭統生平簡傳

　　蕭統（501～531），字德施，小字維摩，是梁朝武帝蕭衍（464～549），高壽八十六歲，其間 502～549 擔任帝位四十八年）的長子，先世為南蘭陵（屬今江蘇常州武進）；武帝天監元年（502）立為皇太子。

　　蕭統姿容俊秀，寬厚仁慈，聰明好學，東宮藏書至三萬卷。

　　他引納王筠、劉孝綽等「昭明太子十學士」，研論古今文學史論籍篇，付出心力，而總編統纂為《昭明文選》，是中華現存最早而完整的一部詩文「總集」（「集」多家文集彙「總」，與分「別」單獨一人文「集」之「別集」區分。）

　　《昭明文選》在去蕪存精後，原存三十卷；後至唐·李善（630～689）註釋，析增為六十卷，即現今最流行的李善註本。

　　可惜，在武帝大通三年（531），蕭統太子疾病薨逝，天不假年，英才早卒，年僅三十一，哀哉！惜也。薨後，帝賜諡「昭明」，故世稱「昭明太子」，其《文選》即名之曰《昭明

文選》。

　　唐・姚思廉《梁書・卷八昭明太子傳》

　　　　昭明太子，高祖（武帝）長子，天監元年，立為皇太子。
　　　　生而聰敏，及長仁孝；美姿貌，善舉止，讀書過目皆憶；
　　　　品性寬和容眾，引納才學之士，討論篇籍，商榷古今，
　　　　閒則著述；時東宮有書三萬卷，名才並集，文學之盛，
　　　　晉（南朝）宋以來，未之有也。疾甍，時年三十一，高
　　　　祖臨哭哀，諡曰「昭明」；所著《文選》三十卷。

二、《昭明文選》精要至篇摘錄

　　《昭明文選》自梁代編纂以來，將近一千五百年間，文史
學家多所研究《文選》並有箋釋考校，形成後世所謂「文選學」
的一門「顯學」專門學問。其中，至今最有名而影響最大的，
當推唐・李善的《文選集註》與清・胡克家（1757～1816，官
至安徽、江蘇巡撫）的《文選考異》；近現代人則又有駱鴻凱
（1892～1955，北大中國文學科班畢業，歷任天津南開大學、
家鄉湖南大學教授，中山大學教授兼中文系主任）的專書《文
選學》，功力頗深。

　　唐高宗李治（628～683，太宗子，母長孫皇后）時代，李
善（630～689）曾任崇賢館直學士，他勤讀而徵引宏富，闡註
嚴謹，把《文選》原本的三十卷，析增為六十卷的《文選李註
本》。

　　唐玄宗（李隆基 685～762）時，又有五位文臣的《五臣集註文選》，但後代人多認為不及李善註本。

　　《昭明文選》篇章體例，先後分有賦、詩、騷、詔、表、書、檄、辭、序、史論、史述贊、論、銘、誄、行狀等總共三十七類別之多，過於繁瑣雜碎，後人多所非議批評。比如，清・姚鼐名著《古文辭類纂》（只分十三類），其中第十二〈辭賦類〉批評：「昭明太子《文選》，分體碎雜，其立名多可笑者。」

　　至於《昭明文選》繁多篇章，不取「經」、「子」；只取文「集」與「史」論贊。

　　《其文選序》有言：

> 　　若夫姬公〔周公〕之〔經〕籍，孔父〔孔子〕之書〔經〕，與日月俱懸，鬼神爭奧，孝敬之準式，人倫之師友，豈可重以芟夷〔刪削〕，加之剪截！老〔子〕、莊〔子〕之作，管〔子〕、孟〔子〕之流，蓋以立意〔子學〕為宗，不以能文〔文集〕為本；今之所撰，故又以（省）略諸……至於記事之史，繫年之書，紀別篇翰，若其贊論辭采，序述文華，事出於沈思，義歸乎翰藻，故與夫〔文集〕篇什，雜〔和合〕而集之；遠自周室，迄於聖代〔今聖梁代〕，都為三十卷，名曰：《文選》云耳。[1]

---

1 《文淵閣四庫全書》，第 1329 冊，頁 3-4。

　　《昭明文選》雖為文學名著，然所編纂過於浩繁深奧而不易讀。依現今《李善文選註本》的六十卷，至少有班固〈兩都賦〉；張衡〈兩京賦〉；左思〈三都（魏都、蜀都、吳都）賦序〉；司馬相如〈子虛賦〉與〈上林賦〉；王粲〈登樓賦〉；江淹〈別賦〉；嵇康〈琴賦〉；曹植〈洛神賦〉等「賦」體及賈誼〈過秦論〉；嵇康〈養生論〉等「論」體，要皆過於冗長難讀，茲因篇幅所限，恕不採錄，敬請明察。

　　而本書所欲採用彙編於此者，有無名氏〈飲馬長城窟行〉；曹操〈短歌行〉；劉邦〈大風歌〉；〈古詩十九首之二〉無名氏〈生年不滿百〉與〈明月何皎皎〉；陶淵明〈雜詩・結廬在人境〉（按，此詩已在本書第四章〈陶淵明著名詩文辭賦〉敘及，茲不贅述。）屈原〈卜居〉與〈漁父〉；漢武帝〈求茂才異等詔〉；諸葛亮〈出師表〉；司馬遷〈報任（安）少卿書〉；陶淵明〈歸去來辭〉（按，此辭亦在第四章已載錄，茲亦不贅）。曹丕〈典論論文〉；崔瑗〈座右銘〉；顏廷之〈陶徵士（淵明）誄〉等。以下，誠如苕溪漁隱（胡仔）所言，精要摘錄上述編卷之名篇名句：

　　無名氏・〈飲馬長城窟行〉

　　　　客從遠方來，遺為雙鯉魚，呼兒烹鯉魚，中有尺素書。
　　　　長跪讀素書，書上意如何？上有加餐飯，下有長相憶。

　　此詩為閨婦思念遠方未歸夫婿而「望夫早歸」。
　　曹操・〈短歌行〉

對酒當歌，人生幾何？……何以解憂，唯有杜康〔酒〕。青青子衿，悠悠我心……契闊談讌，心念舊恩，月明星稀，烏鵲南飛……周公吐哺，天下歸心。

本詩抒發渴望賢才輔助，以向南統一天下宏圖大業。

劉邦‧〈大風歌〉

大風起兮雲飛揚，威加海內兮歸故鄉，安得猛士兮守四方！

劉邦曾歸途路過家鄉沛縣，召請父老子弟飲酒作樂，志得意滿，酒酣高歌，希得猛將守護四方。

無名氏‧〈古詩十九首之二〉（生年不滿百與明月何皎皎）

生年不滿百，常懷千歲憂。晝短苦夜長，何不秉燭遊？為樂當及時，何能待來茲；愚者愛惜費，但為後世嗤；仙人王子喬，難可與等期。

明月何皎皎，照我羅床幃。憂愁不能寐，攬衣起徘徊。客行〔遠遊〕雖云樂，不如早旋歸。出戶獨傍徨，愁思當告誰。引領還入房，淚下沾裳衣。

此詩寫女子獨守空閨，盼夫早日歸來。

屈原‧〈卜居〉

屈原既放,三年不得復見,竭智盡忠而蔽障於讒,心煩慮亂,不知所從。乃往見太卜鄭詹尹曰:余有所疑,願因先生決之。屈原曰:吾寧昂昂若千里之駒乎,將泛泛若水中之鳧,與波上下,偷以全吾軀乎?世混濁而不清,黃鐘毀棄,瓦釜雷鳴,讒人高張,賢士無名,誰知吾之廉貞!詹尹乃釋策而謝曰:夫尺有所短,寸有所長……神有所不通,用君之心,行君之意,龜策誠不能知此事。

〈漁父〉

屈原既放,遊於江潭,行吟澤畔;顏色憔悴,形容枯槁。漁父見而問曰:「子非三閭大夫歟?何故至於斯?」屈原曰:「世人皆濁我獨清,眾人皆醉我獨醒,是以見放。」漁父曰:「聖人不凝滯於物,而能與世推移。世人皆濁,眾人皆醉,(子)何故深思高舉,自令放為?」屈原曰:「吾寧赴湘流,葬於江魚腹中,安能以皓皓之白,蒙世俗之塵埃乎?」漁父莞爾而笑,鼓枻〔船槳〕而去。乃歌曰:「滄浪之水清兮,可以濯我纓;滄浪之水濁兮,可以濯我足。」遂去,不復與言。

　　本文指漁父勸告屈原順時應變,但屈原仍不願隨波逐流而與世俗同流合污。

　　漢武帝・〈求茂才異等詔〉

詔曰：蓋有非常之功，必待非常之人；故馬或奔踶〔奔跑〕而致千里，士或有負之累而立功名。夫泛駕〔翻覆〕之馬，跅弛〔放蕩不拘〕之士，亦在御之而已。其令州縣察吏民有茂才異等，可爲將相及使絕國〔遠國〕者。

諸葛亮・〈出師表〉

臣亮言：先帝創業未半，而中道崩殂。今天下三分，益州誠危急存亡之秋也。……臣本布衣，躬耕於南陽，先帝三顧臣於草廬之中，由是感激，遂許先帝以驅馳；先帝知臣，故臨崩寄臣以大事……願陛下〔後主劉禪〕託〔委付〕臣以討賊興復之效；臣不勝受恩感激。今當遠離，臨表涕泣，不知所云！

司馬遷・〈報任（安）少卿書〉

少卿足下：曩〔昔〕者辱賜書，教以順於接物，推賢進士爲務。……**士爲知己者用，女爲悅己者容**……古者非常之人（文王、仲尼、屈原、左丘明、孫子、呂不韋、韓非）稱焉。此人皆述往事，思來者。僕不遜，網羅天下放失舊聞，略考其行事，上計〔自〕軒轅〔黃帝〕，下至於茲，爲十表，十二本紀，八書，三十世家，七十列傳，凡百三十篇，亦欲以究天人之際，通古今之變，成一家之言；誠以著此書〔太史公書〕，藏諸名山，傳

之其人。

曹丕‧〈典論論文〉

文人相輕，自古而然。傅毅之於班固，伯仲之間耳，而
固小之……今之（建安）七子相服。蓋君子審己以度人，
故能免於斯〔相輕〕累，而作〈論文〉。……文以氣為
主，不可力強而致；雖在父兄，不能以移子弟。**蓋文章
經國之大業，不朽之盛事；年壽有時而盡，榮樂止乎其
身，二者必至之常期，未若文章之無窮。**是以古之作者，
寄身於翰墨，見意於篇籍，而聲名自傳於後。

崔瑗‧〈座右銘〉

無道人之短，無說己之長。施人慎勿念，受施慎勿忘。
無使名過實，守愚〔樸〕聖所臧〔善〕。柔弱生之徒，
老氏誡剛強。慎言節飲食，知足勝不祥。行之苟有恆，
久久自芬芳。

顏延之‧〈陶徵士（淵明）誄〉

有晉徵士潯陽陶淵明，少而貧病，居無僕妾；母老子幼，
就養勤〔勞〕匱；初辭州府三〔徵〕命，後為彭澤令，
道不偶〔相合〕物，棄官從好，遂乃解體世紛，結志區

外，定跡深棲，於是乎遠。……賦歸來詩，獨善超曠，
晨煙暮藹，春煦秋陰，置酒弦琴，居備勤儉。……深心
追往，遠情逐化；念昔宴私，舉觴相誨。嗚呼哀哉！仁
焉而終，智焉而逝；其在先生，旌〔表彰〕此靖節。

三、歷代推尊讚美《昭明文選》

　　蕭統《昭明文選》既為中華史上現存最早的詩文「總集」，
尤其是在李善註本出現之後至今，備受重視，諸多研究，已形
成專門研究的一門「顯學」；於是，歷代文學家皆對其搜集之
文才，給予諸多讚美及高度評價。
　　1.唐・姚思廉《梁書・昭明太子蕭統傳》

　　太子引納才學之士，討論篇籍，或與學士商榷古今，閒
　　則文章著述，於時東宮有書三萬冊，文學之盛，晉〔劉〕
　　宋以來，未之有也，所著《文選》有三十卷。

　　2.唐・李善〈上（高宗）文選註〉

　　梁昭明太子招賢，品珍搜寶，撰有斯集，名曰：《文選》，
　　後進英髦〔俊才〕，咸資準的。

　　3.宋・陸游《老學庵筆記》

國（宋）朝仁宗慶曆後，《文選》盛時，士子至為之語：
「文選〔讀〕爛，秀才半。」

4.明・張溥《漢魏六朝百三家集題辭註・梁昭明集》

梁武帝子昭明，有文學才略，曹子桓兄弟〔曹丕曹植〕
弗如此；昭明述作，《文選》最有名，後人見其選，即
可知其志。

5.清・朱彝尊《曝書亭集・書玉臺新詠後》

《昭明文選》初成，聞有千卷，既而略其蕪穢，集其清
英，存三十卷，擇之可謂精矣。

第六章　吳兢《貞觀政要》
精要選輯

一、《貞觀政要》作者吳兢生平簡傳

　　吳兢（670～749），唐汴州浚儀（今屬河南開封）人，出生於唐高宗李治（太宗李世民之子）咸亨元年（670），此距「貞觀之治」（627～649）及高宗在位（649～683）年間，不遠而接近。

　　他從小勵志向學，博讀文史；後得先後宰輔魏元忠、朱敬則的賞識提攜，推薦挺拔為史官，與著名史學評論家劉知幾（661～721）等同時編修「國史」（唐代國朝歷史）。

　　後來離開史館，歷任右拾遺、右補闕（皆諫官名），又遷任台（今浙江台州臨海），洪、饒（今江西南昌、鄱陽），蘄（今湖北蘄春）等州刺史及相州（鄴郡，今河南、河北交界臨漳）長史等地方官吏。

　　隨後又得返朝廷京師，任唐玄宗之子恒王師傅。

　　晚年，步履維艱，彎腰駝背而行。至天寶八年（749）卒於家，壽終正寢，高壽享年八十歲。

　　五代後晉·劉昫《（舊）唐書》與北宋·歐陽修、宋祁等之《新唐書》俱有〈吳兢列傳〉，大略相同，茲謹綜閱合讀而採得吳兢生平簡傳如下：

> 　　吳兢汴州浚儀人，少勵志求學，博通經史；個性方直，與魏元忠、朱敬則遊；受器重，及魏、朱二人為宰輔，薦兢有史才，入修國史。遷右拾遺、右補闕；與劉子玄〔知幾〕等修《實錄》；旋拜諫議大夫；又出任台、洪、饒、蘄等州刺史，又遷為相州鄴郡太守；天寶初年，再入朝廷為恒王師傅；及年老，步行傴僂；天寶八年，卒於家，年八十。兢敘事簡核，號稱「良史」，世謂當時董狐。（春秋晉國史官，不虛美，不掩惡，被譽稱良史。）

二、《貞觀政要》精要錄編

　　此書乃「依貞觀故事」史實編撰，敘述唐太宗貞觀二十三年間，皇帝與房玄齡、杜如晦宰相及魏徵、長孫無忌、褚遂良、王珪、于志寧、蕭瑀、虞世南、馬周、杜正倫、溫彥博、姚思廉等精英侍臣，以一問一答，串連軍政治理教化、人倫綱紀勸義、尊師謙受心懷、垂世立教之美，「綴集指要，義在懲勸，人倫之紀備矣，軍國之政存焉。」以生動簡明之君臣言談記錄，共十卷四十篇，名曰《貞觀政要》，庶期克遵前軌，擇善而從，而成功業之可久可大。

　　《文淵閣四庫全書》（凡 1500 冊）的第 407 冊，錄有《貞

觀政要》。

以下，摘錄四十篇之精要如次：

第一篇〈論君道〉

太宗謂侍臣曰：帝王之業，草創與守成孰難？房玄齡曰：
草創難；魏徵曰：守成難。太宗曰：玄齡從我定天下，
所以草創難；魏徵與我安天下，見守成難。今草創之難
已矣，守成之難，當思與公等慎之。

第二篇〈論政體〉

太宗既在九重，不能盡見天下事，故布之侍臣，以為耳
目。因（隋）煬帝窮兵黷武，遂致亡滅，故夙夜孜孜，
遂年穀豐稔，銳精為政，從諫如流，由是官吏自清謹制，
達致〔路不拾遺〕（後代資治通鑑讚語），外戶不閉，
此皆古昔未有也。

第三篇〈論任賢〉

玄齡杖策謁於軍門，太宗一見，如舊識知己；玄齡遂竭
盡心力，後為良相。房玄齡參「謀」幃幄，而杜如晦剖
「斷」如流，世稱房「謀」杜「斷」。

魏徵個性抗直，進諫皆稱帝意，太宗謂曰：君臣相得，寧有似我之於卿者乎？貞觀十七年，魏徵薨，太宗親臨慟哭；曰：以銅為鏡，可以正衣冠；以古〔史〕為鏡，可以知興替；以人為鏡，可以明得失。今魏徵逝，朕遂亡一鏡矣，因泣下久之。

第四篇〈論求諫〉

太宗曰：人欲自照，必須明鏡；主欲知過，必藉忠臣。君臣相遇，有同魚水，海內安而天下平。朕望卿等用心進諫，以副朕懷。帝王若不能受諫，安能諫人？朕每思正人匡諫，欲令耳目外通，朕開懷抱，廣納諫諍，卿等可極言。

第五篇〈論納諫〉

太宗特愛一駿馬，無病暴死；太宗怒，將殺養馬宮人；皇后上諫曰：百姓聞之，必怨陛下，太宗意乃解。謂房玄齡曰：皇后（進諫）相啟沃，極有利益爾。

第六篇〈論君臣鑒戒〉

魏徵上疏曰：君臣相遇，自古為難。孟子曰：「君視臣如手足，臣視君如腹心；君視臣如犬馬，臣視君如國人。」為人主者，安可無禮於臣下哉？荀子曰：「君，舟也；民，水也；

水可載舟，亦可覆舟。」以陛下之聖明，今之功業，君臣上下一心，則「三皇」可追而四，「五帝」可俯而六矣。太宗深嘉納之。

第七篇〈論擇官〉

太宗曰：朕恆思百姓事，常於屏風錄看堪養百姓之都督、刺史姓名，此輩實理亂所繫，尤須得人。又曰：擇官用正人，皆勸善；賞當其勞，無功者自退，用人彌須慎擇；朕聞能安天下者，惟在用得賢才任官。

第八篇〈論封建〉

貞觀元年，帝封房玄齡、杜如晦、長孫無忌為「公」，並為第一等。皇從父淮安王（李）神通上言：玄齡等乃刀筆之人，功居第一，臣不服。太宗曰：玄齡等有籌謀帷幄、畫定社稷之功；如漢之蕭何，雖無汗馬，然指蹤推轂，至得功勳第一。叔父於國至親，但不可緣私，濫與勳臣同賞矣。

第九篇〈論太子諸王定分〉

太宗曰：當今國家何事最急？高士廉曰，養百姓；劉洎曰，撫四夷；褚遂良曰：太子諸王，須有定分，陛下宜

為萬代法，以遺子孫，此最當今之急。太宗曰：此言是也，公等為朕搜訪賢德，以輔儲宮；爰及諸王，咸求正士。

第十篇〈論尊敬師傅〉

詔曰：朕知不學則不明古道，今為太子諸王，精選師傅。太宗謂：帝子生長於深宮，無不驕逸，我今嚴教子弟，選（王珪、長孫無忌、房玄齡）為子師，每對三師，如見我面，宜加尊敬。

第十一篇〈教誡太子諸王〉

太宗謂侍中魏徵曰：自古侯王能自保全者少，皆由生長富貴，好驕逸；因命魏徵錄古來帝王子孫成敗事，名為《自古諸侯王善惡錄》，帝以賜諸王，並曰：此宜置於座右，用為立身之本。

第十二篇〈規諫太子〉

李百藥為太子右庶子，時太子（李）承乾嬉戲過度；百藥乃作〈贊道賦〉規諫。太宗見曰：朕於皇太子處，見卿所作〈賦〉，述古來儲貳事，以誡太子，甚是典要，朕選卿輔弼太子，正稱所委，因賜馬與綵物。

第十三篇〈論仁義〉

太宗曰：朕看古來帝王，以仁義為治者，國祚延長；任法御人者，雖救弊於一時，敗亡亦促。既見前王成敗事，足是元龜。

第十四篇〈論忠義〉

貞觀二年，將葬隱王（李）建成、海陵王（李）元吉；魏徵與王珪上表：昔受命太上（高祖李淵），委質東宮（李建成），臣等不亡，將何上報……忝曰舊臣，望於葬日哀送。太宗義而許之送葬。

第十五篇〈論孝友〉

房玄齡事繼母恭謹，母病，請醫人至門，必迎拜垂泣；居喪，甚柴毀。太宗命常侍劉洎就加寬譬，遺寢床、粥食、鹽菜。

第十六篇〈公平〉

長樂公主，太宗文德皇后所生，將出降（出嫁），敕所司資送倍於長公主（天子姊妹）。魏徵奏言：長公主尊於公主，若令公主之禮過於長公主，理恐不可。太宗稱

善，以其言告知后。后嘆曰：魏徵真社稷大臣矣，忠言逆耳而利於行，天下幸甚，因請中使送帛五百匹，詣徵宅賜之。

第十七篇〈論誠信〉

魏徵上疏：臣聞為國之基，在於誠信；誠信立，則下無二心；誠信不可廢也。太宗覽疏讚嘆，謂曰：孔子言，人無信不立。昔項羽以無信〔先入關中者為王〕，後為漢王（劉邦）所奪。

第十八篇〈論儉約〉

太宗曰：秦始皇營建宮室，為私慾，人多謗議；隋煬帝好奢侈，遂至滅亡。朕今令王公以下，宜一切儉約樸素；雕鏤器物，珠玉服玩，其驕奢者，禁斷。

第十九篇〈論謙讓〉

太宗曰：朕自守謙恭禮讓，不爭功；每出一言，行一事，惟恐不稱天心及百姓意。魏徵對曰：陛下常守此謙讓之道，則宗社永固太平。

第二十篇〈仁惻〉

太宗曰：婦人（宮女）幽閉深宮，情實可愍，又竭人財力，朕所不取。今將出之，任求伉儷，各得其情性；於是後宮及掖庭，出三千餘人。

第二十一篇〈慎所好〉

太宗曰：古人云，君猶器也，人猶水也；方圓在於器，不在於水。故堯舜率天下以仁，而人從之；桀紂率天下以暴，而人從之；下之所行，皆從上之所好。

第二十二篇〈慎言語〉：

太宗曰：朕欲出一言，即思於百姓有利益否？所以不敢多言，以免有所乖失，朕常以此為戒。常侍劉洎上書曰：聖人以不多言為德，老子稱訥，莊子稱至道無文。多語則損氣勞神，伏願澹焉怡悅，浩然養氣。太宗詔曰：今聞讜言，虛懷以受。

第二十三篇〈杜讒邪〉

朕觀前代讒邪之徒，巧言令色，迷惑暗主庸君，皆國賊也。朕每防微杜漸，用絕讒構之端。孔子曰：「惡利口之覆邦家。」不聽讒言，吾能守之。

第二十四篇〈論悔過〉

太宗曰：人臣之對君王，多承意順旨，甘言取容；朕今欲聞己過，卿等可直言。常侍劉洎曰：陛下與公卿論事及上書者，偶不稱旨，或面加詰難，無不慚退。太宗曰：朕亦後悔，當即改過。

第二十五篇〈論奢縱〉

御史馬周上書曰：夏、商、周三代及劉漢之有天下，傳祚相繼久，皆以戒奢縱而積德累業。自古之明王聖主，大要以節儉於身；漢文帝所幸夫人衣不曳地；景帝詔除錦繡，所以〔文景之治〕百姓安樂。……後之視今，亦猶今之視古。貞觀之初，陛下已躬自節儉，故今行之亦不難也，勵精為政，天下幸甚。

第二十六篇〈論貪鄙〉

太宗曰：人有明珠金錢財帛，莫不貴重，遂妄受財物，其身亦落。帝王亦然，隋煬帝貪奢而身死匹夫之手。故陷其身者，皆為貪鄙；古人云：「禍福無門，惟人所召」，卿等宜思此語為鑒誡。

第二十七篇〈崇儒學〉

太宗置弘文館，選文儒，令以本官兼署學士，給以五品珍膳；又立孔子廟堂於國學，尊儒重學；儒學之興，古昔未有也。太宗又詔顏師古與孔穎達考疏《五經正義》。太宗再曰：《禮》云，「玉不琢不成器，人不學不知道」，所以崇儒勤學。

第二十八篇〈論文史〉

太宗謂房玄齡曰：司馬相如子虛、上林，班固兩都等賦，文體浮華，無益勸誡。太宗又見《實錄》，以六月四日〔玄武門之變〕語多隱諱微文，乃謂玄齡：朕之所為，以安社稷，利萬人耳。史官何須有隱，宜直書其事。侍中魏徵奏曰：國史用為懲惡勸善，陛下今遣史官削浮詞，正其辭，雅合文史至公之道。

第二十九篇〈論禮樂〉

太宗曰：佛道本善事，豈有僧尼道士，妄自尊榮，坐受父母之拜，悖亂「禮」經；即禁斷，仍令致拜父母。太宗生日謂曰：俗以生日為喜樂，在朕卻思求侍養，永不可得為憾。「哀哀父母，生我劬勞」，奈何為宴「樂」！甚乖「禮」度，因而泣下久之。

第三十篇〈論務農〉

　　太宗曰：凡事須務本，國以人為本，人以衣食為本。人
君簡靜，以不失時而奪農時，乃可得致民安。安人寧國，
惟在於君，君無為，不動兵戈，則人民安樂。

第三十一篇〈論刑法〉

　　太宗曰：死者不可復生，用法務在寬減；刑賞之本，在
乎懲惡而勸善。詔曰：有司斷獄，多只據律文，而守文
定罪，或恐有冤；自今，有據法合死，然情有可矜者，
宜錄狀奏聞。

第三十二篇〈論赦令〉

　　長孫皇后疾篤，皇太子啟（母）后曰：醫藥備盡，請赦
囚徒，並度道，冀蒙福祐。后曰：死生有命，非人力可
加。赦者，國之大事；豈可以吾一婦人而亂天下法令，
不能依汝言。

第三十三篇〈論貢賦〉

　　太宗曰：秦始皇暴虐，至子二世而亡，不能自保；朕由
是每自懼危亡，不受賄略。有高麗王遣使貢獻二美女，

太宗憫二女離其父母兄弟於本國；謂其使曰：若愛其美色而傷其心，我不取也，卻還之本國。

第三十四篇〈辯興亡〉

太宗曰：隋文帝開皇興國，倉庫盈溢，儲積可供五、六十年。然子煬帝恃此富饒而奢華，遂致滅亡失國。凡帝王理國，務積於人，不在倉庫。後嗣賢，自能保天下；不肖，多積倉庫，卻徒益奢侈而致危亡。

第三十五篇〈議征伐〉

太宗曰：北狄為亂，朕思二策：選兵十萬擊之，一策也；或遂其請，與之婚媾，朕女既生子，則我外孫，必不侵中國，可邊境無事。房玄齡對曰：兵凶戰危，聖人所慎；和親之策，天下幸甚。

第三十六篇〈議安邊〉

李靖擊敗突厥頡利，其部落多來歸降，詔議安邊之策。涼州都督上疏：欲綏遠者，必先安近；中國百姓乃天下根本，四夷之人猶於枝葉；深根固本，兵強殷富，四夷自服。……其後，太宗曰：往者初平高昌，魏徵、褚遂良勸朕安邊立其子弟，依舊為藩國；朕竟不用其計，今

日方自悔責。

第三十七篇〈論行幸〉

隋煬帝行幸無期，徑往江都，不納諫諍，身戮國滅。此朕耳聞目見，深以自誡，故少行幸，不輕用民力，惟令百姓安靜。

第三十八篇〈論畋獵〉

虞世南以太宗好畋獵，上疏諫曰：伏願時息獵車，重慎防微，以為社稷。魏徵亦奏：臣伏聞車駕親格猛獸，晨往夜還；以萬乘之尊，行荒野，踐深林，非萬全之計，願割私情之娛，罷格獸之樂，上為宗廟社稷，下慰群僚兆庶。太宗曰：自今深用為誡。

第三十九篇〈論災祥〉

太宗曰：朕見眾議多以祥瑞為美事，頻奏表賀慶。惟朕本心，但求太平人足。若百姓不足，夷狄內侵，縱有芝草鳳凰，亦何異於桀紂。自後，諸州所有祥瑞，不用申奏。

第四十篇〈論慎終〉

> 太宗謂侍臣曰：安不忘危，理不忘亂，雖今日無事，亦
> 須慎思終始；朕每思危自戒，用保其終。魏徵上疏曰：
> 臣聞「禍福無門，唯人所召」；伏願陛下聖聽採言。疏
> 奏，太宗曰：朕自得公疏，朝夕瞻仰，冀千載之下，識
> 君臣之義。魏徵乃又對曰：陛下聖德玄遠，居安思危，
> 伏願常能自制，慎保克終之美，則萬代永賴。

三、後代讚賞吳兢及其《貞觀政要》名著

吳兢《貞觀政要》大著名作，以君臣一問一答之言談記錄，綴集指要，敘事詳贍，文字流暢，生動簡明；因此，後世奉為帝王執政經典鑒鏡，諸多研讀讚賞。

1.《貞觀政要》書成之後，備受中、晚唐皇帝當政者之重視，列為皇家子孫必讀指導書籍，奉為治國借鏡經典。

2.五代・後晉宰相劉昫監修撰輯之《（舊）唐書・吳兢傳》言：「吳兢用心博讀，學際天人，才兼文史，所著博通燦然，措翰典麗。」

3.《貞觀政要》也飄洋流傳到日本，天皇、幕府將軍多視之為「帝王學」教科書。尤其受到德川家康（1543～1616）研讀喜愛，認為「溫故知新可以為師」，遂開創日本「江戶〔今東京〕時代」，自 1603 至 1867 年還政明治天皇，守住基業，達致富強，超過二百六十年之光輝歷史。

4.清高宗乾隆也愛讀《貞觀政要》，認為唐太宗英武雄略，進用諸多著名賢臣，相得益彰；自三代以下，未有如此之盛焉。「余讀其書，遙想其時，未嘗不三復而讚嘆也。」

5.清・趙翼《廿二史箚記》佳評：

> 《新唐書・列傳》作者宋祁，老成於文學，當時文治大興，（不像五代亂離），故〈列傳〉（含吳兢傳），自得精詳。

第二編　五代十國至宋明朝代（編錄五種）

第七章　《李後主詞》絕世篇句精選

一、李後主生平簡傳

　　李後主（937～978），初名從嘉，為「五代十國」時期，南唐中主李璟（916～961）第六子；因前五兄皆已先薨逝，而得立為皇太子；即位金陵（今南京）後，改名煜，字重光。外貌英奇，廣額豐頰；酷好詩書文學，妙音律，尤工於詞。

　　中主李璟時，南唐已奉大宋正朔，常遣使入貢，求得苟安江南。惟後主沈迷浮圖誦經，懸戀溺寵大小周后姊妹，而廢於國家政事大業。

　　宋太祖趙匡胤兩詔其北上入朝東京（開封），均托辭有疾，抗命不去；又派學士承旨徐鉉為特使，叩求緩師南下；太祖乃震怒曰：「天下一家，朕臥榻之側，豈容他人鼾睡！」旋派大將軍曹彬、潘美於開寶七年（974），率兵東南直下，水陸並

進，大舉討伐南唐（江南）。隔年（975），兵臨金陵城下。城陷，後主欲自盡殉國，左右大臣涕諫，乃肉袒出降於軍門。

　　臨行，被俘虜北上，哀作〈破陣子〉詞

　　　　四十年來家國。三千里地山河。……幾曾識干戈？一旦
　　　　歸為臣虜……最是倉惶辭廟日，教坊猶奏別離歌。垂淚
　　　　對宮娥！

　　押至大宋，太祖令待罪「明德樓」下，封為「違命侯」。之後，太宗（趙光義）即位，因幽禁囚人悲慘生活，不比當年皇上宮廷而孤悶悲傷，曾與金陵舊宮人書云：「此中日夕，恒以淚珠洗面。」哀哉！

　　因此，常懷故國，詞調愈工，惟亦哀痛。詞賦〈相見歡〉（無言獨上西樓），〈望江南〉（多少恨，昨夜夢魂中），〈烏夜啼〉（林花謝了春紅），〈子夜歌〉（人生愁恨何能免），〈浪淘沙〉（簾外雨潺潺），〈虞美人〉（春風秋月何時了）等，皆感人肺腑，稱絕於後世。

　　太宗太平興國三年（978）七月七日，為李後主生日，在汴京（開封）賜第中，命故伎作樂，聲聞於外。太宗怒，又傳來「小樓昨夜又東風」、「故國不堪回首月明中」、「一江春水向東流」詞句，以其思念故國「南唐」（江南），引發太宗聯想，遂猜忌不滿，乃命干臣攜觴前來賜第，趁其酒酣，賜服烈毒「牽機藥」死之，悲夫！年僅四十二，後葬洛陽北邙山。凶訊傳回江南，父老為之巷哭設齋或唸佛經以資冥福。

　　後人編有《李後主詞》及箋註；正史歐陽修‧《新五代史》卷六十二，與脫脫‧《宋史》卷四七八，皆有傳；而吳任臣‧《十國春秋》則於卷十七，有〈本紀‧南唐李後主〉等記載其生平略傳。

二、《李後主詞》精篇摘選

　　詞，大約興起於中唐；而盛於唐末五代十國及宋。其中，以溫庭筠（飛卿，唐初宰輔溫彥博後裔）、韋莊（端己，836～910，唐代著名詩人韋應物曾孫）等人諸詞作品「總集」《花間集》與南唐中、後主（李璟、李煜）及馮延己的詞最盛名；尤其是李煜（後主）的詞，更是傑出佼佼者，其詞神秀深沉，為南唐時期代表而流傳於世。

　　李後主的詞，通常被後代人分為早期與後期區別。

　　早期作品，因「生於深宮之中，長於婦女之手」，於是雕梁畫棟、砌階花叢，縱心行樂於綺麗歡情。其詩作，如〈玉樓春〉：「春殿嬪娥魚貫列，待踏馬蹄清夜月」及〈菩薩蠻〉：「花明月黯籠輕霧，今宵好向郎邊去！脫襪（襪）步香階，手提金縷鞋」（此詞記與小周后夜晚幽會的風流韻事）等。

　　後期的詞，因時序與地位的變換，由一國之君轉為被俘囚虜，國破家亡，於是傾吐幽禁鬱悶，深沉悲憤哀詞；從而抒發孤寂悔恨，有鄉難歸，對故國家鄉的無限懷思。

　　後期詞意哀痛神傷，深沉悲涼；懷念過往，夢回故國的作品，深摯有情，感動肺腑，觸撼人心，使他的詞達於高峰，成

為傳誦後世的留名篇作。其中，特以〈相見歡〉、〈望江南〉、〈烏夜啼〉、〈子夜歌〉、〈浪淘沙〉、〈虞美人〉等，最為代表作：

（一）〈相見歡〉

無言獨上西樓。月如鉤。寂寞梧桐深怨鎖清秋。剪不斷，理還亂，是離愁。別是一番滋味在心頭。

後主以江南國君，轉成北地囚虜；登樓舉望新月，低見梧桐，別離愁怨，悔恨交集，此滋味只有自己最能苦嚐領略！

（二）〈望江南〉

多少恨，昨夜夢魂中。還似舊時遊上苑，車如流水馬如龍。花月正春風。

因心神憶舊而作昨夜之夢，夢見昔時歡遊皇苑，車水馬龍，正是春風吹拂，花香月圓時節。

如今，孤愁悔深，歡樂情景永不再來！

（三）〈烏夜啼〉

林花謝了春紅。太匆匆。無奈朝來寒雨晚來風。胭脂淚。相留醉。幾時重？自是人生長恨水常東。

花開花謝，太匆匆；早晚風吹雨打，花何以堪！人於是無奈，亦何以堪！因昔日美人流淚，苦苦哀求相留心醉。這情景何時能再相逢？此時內心深長悔恨，就如向東的江水，一直長流啊！

（四）〈子夜歌〉

人生愁恨何能免？銷魂獨我情何限！故國夢重歸。覺來雙淚垂。高樓誰與上？長記秋晴望。往事已成空。還如一夢中。

思念家鄉往日情懷，神遊夢歸家國，一覺醒來垂流兩行清淚，難免銷魂無限！獨上高樓，秋晴遠望，往事成空，真是在夢幻中啊！

（五）〈浪淘沙〉

簾外雨潺潺。春意闌珊。羅衾不耐五更寒。夢裡不知身是客，一餉貪歡。　獨自莫憑闌。無限江山。別時容易見時難。流水落花春去也，天上人間！

窗簾外下著雨，春意雖逐漸消去，但衣被仍不耐北方清晨寒冷。夢中忘了是客，仍迷戀過往一向貪圖歡樂。不要獨自憑欄遙望廣遠故國，因永難再見！春光已逝矣，不管是天上（當皇帝）或在人間（凡人）都一樣。

（六）〈虞美人〉

> 春花秋月何時了？往事知多少？小樓昨夜又東風。故國
> 不堪回首月明中。雕欄玉砌應猶在。只是朱顏改。問君
> 能有幾多愁？恰似一江春水向東流！

追懷江南故國春花秋月，多少韻事。春風又吹拂小樓，月明中不忍回首家國。雕欄玉砌還在，只是紅潤臉色改變了。問你哀愁多少？就像春天的江水，一直向東長流啊！

物是人已非，不忍卒讀，迴腸盪氣，怨泣訴說。

此首為《李後主詞》壓卷之作，傾吐心事，情染讀者，流傳後世，千載以來，無人不廢筆而嘆矣！

三、後代給予《李後主詞》評價讚譽

後代文士詞家，諸多重視研究《李後主詞》且有考校箋釋，給予「詞中帝王」高度評價，讚譽有加或推崇備至

1.明・王世貞（1526～1590，弇州山人）《藝苑卮言》

> 溫、韋《花間集》猶傷艷促，至南唐李主父子妙矣，而
> 後主乃詞之正宗開山祖也。

2.明・胡應麟（1551～1602）《詩藪雜編》

後主為宋詞之一代開山，溫、韋雖藻麗卻氣頗傷促；至後主方為當行詞家。

3.清‧沈謙（青士，1600～1670）曰：

詞中，男之李後主，女之李易安（清照），極是當行本色。後主雖疏於治國，然在詞中猶不失為南面帝王。

4、清初‧納蘭性德（1655～1685）《綠水亭雜識》

《花間集》之詞，如古玉器，貴重而不適用；宋詞適用而少貴重；後主兼有其美。

5、清末民初‧王國維《人間詞話》更是讚譽推崇

李重光（後主）之詞，神秀也。詞至李後主而眼界始大，感慨遂深，遂變伶工之詞而為士大夫之詞。詞人者，不失其赤子之心者也。雖生於深宮之中，長於婦人之手，是後主為人君所短處，卻亦即為詞人所長處。主觀之詩人，性情愈真，李後主是也。後主之詞，真所謂以血淚書之者也。

要之，李後主被俘虜北上之後期幽禁孤寂生活，觸景傷情，淒涼悲憤；過昔帝王美好時日，已永遠消逝而不再；絕望哀嘆，

內心傾吐噴出，一字一淚，悽楚同感，震撼人心。遂流傳千載，使後代人讀其詞，如歷其境，而想見其人，聞其聲。

第八章　司馬光《資治通鑑》精要概編

一、司馬光及協撰助手生平傳略

司馬光（1019～1086），字君實，北宋夏縣（屬今山西）涑水鄉人（因此有《涑水記聞》當代史實筆記），生於真宗天禧三年（1019），時其父任光州（屬今河南）知縣，故取「光」名紀念。

仁宗寶元元年（1038），二十歲時，科舉中進士甲科。先後任職地方及中央。京官歷任侍講、知諫院官、御史中丞、翰林學士、尚書左僕射（宰輔）等。

《資治通鑑》（以下簡稱《通鑑》）初編於英宗治平三年（1066），當時因推行王安石維新「變法」，而司馬光屬「保守」舊派，反對新政，遂被排擠，由東京開封退居西京洛陽；之後，全心盡力編纂《通鑑》，至神宗（英宗長子）元豐七年（1084）成書，歷時十九年（1066～1084）。此時，司馬光已六十六歲。

隔年，神宗（1048～1085）崩逝，年僅三十八歲，其九歲

皇太子嗣位，是為哲宗（1077～1100）。於是，政局大轉變，「一朝天子一朝臣」，哲宗元祐元年（1086），因皇帝年幼，由母后高太后「臨朝聽政」，罷王安石，起用舊臣司馬光為宰相。可惜，僅上任六個多月，因年老又心力勞瘁而薨逝，享年六十八歲。賜贈太師溫國公，諡號「文正」，故後世尊稱為「涑水先生」、「司馬溫公」、「司馬文正公」等。[1]

司馬光既纂修《通鑑》鉅作，故奉英宗詔令，謹慎精選後進優秀史學工作者，作為助手成立編書小組：依序為其子司馬康（檢閱文字），「同修」范祖禹、劉恕、劉攽，總編集司馬光（自謙排於後）。

范祖禹（1041～1098），字夢得，四川成都人，為范鎮（1009～1089，字景仁，北宋文史學家，與司馬光交情甚篤）侄孫。科舉進士甲科；同修三位中，年齡最小，但在編撰書局最久，貢獻最大；書成，因行義完美，司馬光推薦給朝廷，任宮中秘書省正字。

劉恕（1032~1078），字道原，江西人。初，英宗詔命光自選擇才助修，光對曰：「專精史學，唯劉恕耳。」皇上當即首肯，旋召入書局為助手。可惜英年早逝，僅得年四十七。

劉攽（1022～1088），字貢父，江西人，歷任國子監直講、戶部及開封府判官、知州等官職。

以上諸人，《宋史》皆有傳；總編集的〈司馬光傳〉，在《宋史》卷二百三十六。（附有其子司馬康簡傳）。

---

1 宋晞，〈從資治通鑑看司馬光史論〉，《宋史研究集‧第十七集》，頁1-6，簡介司馬光與《資治通鑑》。

　　編書先由三位「同修」勤讀史料，書寫作成「長編」（初稿）；再由總編集司馬光筆削取捨，負責刪定，而成千古鉅著名作《資治通鑑》。

　　所以，宋末元初・胡三省（1230～1302，《新元史・儒林傳》有簡傳），《資治通鑑音註》作者，在其〈新註資治通鑑序〉言：「此修書分屬，劉攽、劉恕、范祖禹等，各因其所長屬之，皆天下之選也。」

二、《資治通鑑》修纂體例內容概要

　　《通鑑》是「編年體」「通史」鉅著。

　　按，北宋之前「正史」，除《史記》外，《漢書》至《（舊）五代史》，多為「列傳體」「斷代史」。

　　唐・劉知幾《史通》云：「諸史體例，唯列傳、編年兩體。」

　　「列傳體」，則史、漢等「正史」；「編年」，如《春秋左（氏）傳》。

　　至南宋・袁樞（1131～1205）《通鑑紀事本末》，乃新出另創「紀事本末體」。

　　於是，有以「人」（本紀、列傳）為主之**紀傳體**；以「年」繫事之**編年體**；及以「事」紀述史實本末之**紀事本末體**。

　　要之，「編年體」「通史」的《資治通鑑》，記載長達一千三百六十二年史事，自（東）周戰國時期威烈王二十三年（公元前四〇三），至北宋之前的五代・後周世宗（柴榮）顯德六

年（959），紀凡十六代。

周威烈王自封韓、魏、趙（三家分晉）出為諸侯，開啟「戰國」七雄（秦、齊、燕、楚、韓、魏、趙）時代。

何以司馬光不從「春秋」開始寫書？因「至聖孔子著《春秋》，乃經書也，恆久不易之經典，不敢損益也。」

再者，是時大宋皇朝當有「國史」，同代人自有忌諱；因司馬遷《史記》敘至今上（當代漢武帝李陵事）而遭宮刑；後人乃依東漢‧班固《（西）漢書》，只言西漢，不觸及東漢當世。亦即，司馬光「明哲保身」也，只紀至後周顯德六年（959），因下一年（960）即是宋太祖趙匡胤開國皇帝建隆元年矣。

英宗治平三年（1066），司馬光上書進呈皇帝，原稱名《歷代君臣事跡》；及英宗崩，長子神宗嗣立，聽筵司馬光進讀其書，以為「鑒」於往事「通」史，有「資」於「治」道，乃賜名《資治通鑑》，且親為預賜「序」文，以俟書成之日，冠「序」首頁。

神宗元豐七年（1084），全書撰就完成，歷時十九年。

編纂成書，約略分三階段順序：

（一）博採群籍，摘錄史料，編年順序排列。

（二）再鑒別選擇，酌情「去」「取」，成為「長編」（初稿）。

（三）刪其繁冗，增減考訂「長編」，再由司馬光與司馬康「檢訂文字」潤色，終成「定稿」。

前（一）、（二）、階段，多由三位「同修」處理；第（三）、階段乃由「總編集」司馬光刪增而總其成。

　　《通鑑》「正文」全書凡二百九十四卷（另有「目錄」、「考異」各三十卷。）

　　按歷史先後朝代，分為：1、〈周紀〉五卷；2、〈秦紀〉三卷；3、〈漢記〉六十卷；4、〈魏紀〉十卷；5、〈晉紀〉四十卷；6、〈宋紀〉十六卷；7、〈齊紀〉十卷；8、〈梁紀〉二十二卷；9、〈陳紀〉十卷；10、〈隋記〉八卷；11、〈唐紀〉八十一卷；12、〈後梁紀〉六卷；13、〈後唐記〉八卷；14、〈後晉紀〉六卷；15、〈後漢紀〉四卷；16、〈後周紀〉五卷。

　　司馬光〈進資治通鑑表〉概云：

　　臣光言：先奉敕編集《歷代君臣事跡》，又奉聖旨賜名《資治通鑑》，為「編年」一書。伏遇英宗皇帝詔臣編集，眷遇承榮……陛下〔神宗〕紹膺大統，寵以冠序，錫之嘉名。每開經筵，常令進讀。……臣窮竭所有，日力不足，繼之以夜。徧閱舊史，上起戰國，下終五代，凡一千三百六十二年，修成二百九十四卷。又為〈目錄〉、〈考異〉各三十卷。重念臣違闕廷〔開封東京〕十有五年，雖身處於外〔西京洛陽〕，區區之心，朝夕寤寐，何嘗不在陛下之左右……臣之精力，盡於此書。伏望陛下時賜省覽，鑒前世之興衰，考當今之得失，取是捨非，足以盛德至治；俾四海群生，咸蒙其德；則臣

志願永畢矣。[2]

　　按，全書二百九十四卷中，如以開「始」有「皇帝」的〈秦紀〉起算，則以3、〈漢紀〉六十卷與11、〈唐紀〉八十一卷的卷數為較、最多；乃因為此兩朝代國祚長久：劉邦於西元前206年為漢王，前202年稱帝，至東漢獻帝建安二十五年（220）被曹丕所廢，丕代漢改稱魏文帝，漢祚凡四百二十二年。而唐朝自李淵廢隋恭帝楊侑而自立稱帝（618）至末唐哀帝（907）亡國，唐祚有二百九十年。再者，因又被譽稱「漢、唐」盛世之故也。所以，《通鑑》也特別著墨歌頌「文景之治」與「貞觀之治」。

　　又，《通鑑》卷十三至二十二，紀漢文、景、武帝。卷一九二至一九九，紀唐太宗「貞觀年代」，卷二一〇至二一七，紀唐玄宗開元、天寶「年」、「載」史事。

　　《資治通鑑》「編年體」體例，是按照年、時（春、夏、秋、冬）、月、日編序記載史事，取才豐富，參考資料有三百二十二種（《四庫全書》引宋人所言；唯後亦有記載二百二十二種，蓋所引之書，已亦多亡佚。）

　　《通鑑》優點特長於政治史與軍事史，如「赤壁之戰」與「淝水之戰」，甚至比《正史》所載，更要完備生動，有聲有色，栩栩逼真。但對於符瑞迷信、荒誕無稽，則刪去而不取。

　　然而，《通鑑》也有其缺點，如循舊之封建「保守」態度

─────────────

2 《司馬光集》，〈進資治通鑑表〉。《文淵閣四庫全書》（1500 冊）之第 304 冊，頁二～三。

及牽涉歷史分裂時期（如三國、南北朝、五代十國）的「正統」問題等。

其持強烈主觀立場，像是三國（魏蜀吳）之魏有〈紀〉而蜀、吳沒有；南朝（宋、齊、梁、陳）有〈紀〉而北朝（北魏、北齊、北周）無；「五代」（後梁、後唐、後晉、後漢、後周有〈紀〉而「十國」無。）

《資治通鑑》出書後，註本以宋末元初·胡三省（1230～1302）的《資治通鑑音註》為最重要著名，周密精詳，後人就稱讚他是註釋《通鑑》的最大功臣。

胡三省，字身之，天台（屬今浙江）人，科中進士為官；宋亡，為遺民，隱居山中，堅決不再任官，潛心於著述。

他花用三十年功夫，至元代忽必略至元二十二年（1285）完成二百九十四卷的《資治通鑑音註》。

《通鑑》問世後，對中華史學影響很大，史學家們爭相研治仿效，成為「顯學」，稱之「通鑑學」。如南宋李燾（1115～1184）的《續資治通鑑長編》；李心傳（1166～1243）的《建炎以來繫年要錄》（編紀高宗建炎、紹興三十六年史事）；及清·畢沅（1730～1797）的《續資治通鑑》（二二〇卷，宋紀二〇六卷，元紀一四卷）等。

三、後代對司馬光《通鑑》的讚美推崇

司馬光的《資治通鑑》，徵引群籍，取才宏富，為史學著名鉅作，備受後人重視，諸多研究註釋仿效，讚譽有加，獲得

極高評價。

　　1.宋神宗《御製資治通鑑序》

　　　　朕命直學士司馬光論次歷代君王事蹟，起周威烈王，迄
　　　　於五代，凡十六代，成二百九十四卷，箴諫深切之意，
　　　　良謂備矣。盡古今之統，博得其要，簡周於事，……故
　　　　賜其書名曰《資治通鑑》，以著朕之志焉耳。

　　2.蘇東坡寫〈司馬溫公行狀〉說：

　　　　公以清直仁厚聞於天下，號稱一時名臣。著有《資治通
　　　　鑑》二百九十四卷，凡十九年而成，起周威烈王，訖五
　　　　代，上下一千三百六十二載，神宗尤重其書，親為製序，
　　　　賜名《資治通鑑》。軾從公遊二十年，知公平生為詳，
　　　　故錄其大者為行狀。[3]

　　3、胡三省評價

　　　　為人君而不知《通鑑》，則欲治而不知自治之源；為人
　　　　臣而不知《通鑑》，則上無以事君，下無以治民。

　　4．清．錢大昕（竹汀居士，1728～1804）言：

3　《司馬光集》，〈司馬溫公行狀〉。

《資治通鑑》乃學者必讀之書，其取材多有出「正史」之外者；昔人有言：「事增於前，文省於舊」，則《通鑑》足以當之。」

5.陳垣（援庵，1880～1971）《胡〔三省〕註通鑑表微》推崇

司馬溫公《通鑑》，謙而不敢接續孔子《春秋》，而僅志續《左（丘明）氏傳》已矣。

6、錢穆（1895～1990）《中國史學名著・資治通鑑》讚揚

他只用二百九十四卷，即能寫就一千三百六十二年史事，其可貴在刪去處而添進處，細看其刪與添，才知其書之大處與深處。[4]

---

4 錢穆，《中國史學名著（二）・司馬光資治通鑑》。

第九章 「唐宋八大家」文章精要簡編

一、「唐宋八大家」定名及唐順之與茅坤簡傳

「唐宋八大家」稱名，淵源來自於明代朱右及唐順之與茅坤。

朱右，字伯賢，明初臨海（今屬浙江）人；有文名，朝廷徵召編纂《元史》、《（太祖）寶訓》等，授翰林院編修。[1] 又編有《八先生文集》，惟已失傳。

唐順之（1507～1560），世居（江蘇）武進，曾客居荊溪講學，世稱「荊川先生」，又因武進縣在古昔屬毘陵郡，故又被稱作「毘陵先生。」

荊川生於明武宗（朱厚照）正德二年（1507），世宗嘉靖八年（1529），二十三歲科中廷（御）試二甲榜首，任「庶吉士」，有文學，稱才子。授為翰林院編修。因任官疾苦，上疏告病，先是以吏部主事致仕歸田。後又擢起任官，以禦海寇。

---

1 《明史》，〈文苑傳・朱右〉。

嘉靖三十九年（1560），以心力交瘁而病卒於（江蘇）通州（今南通），得年五十四歲。

他撰輯有《文編》，於唐宋文只取韓、柳，三蘇、歐陽（修）、王（安石）、曾（鞏）等八家文章。[2]

《明史‧唐順之傳》略記：

> 唐順之，武進人。長而洽貫群籍；年二十三，嘉靖八年為庶吉士。後調兵部主事，又遷吏部；於朝官為翰林編修。倭寇蹂江南北，順之禦賊海上，居海舟兩月，得疾，返太倉。又擢任南京右僉都御史；勞心，疾甚，泛海至通州卒，年五十四，以勞賜葬。順之於學，無所不窺，盡取古今載籍，為古文有大家風。崇禎中，追諡襄文。子，進士，亦以博學聞。

茅坤（1512～1601），字順甫，號鹿門，浙江歸安（今稱湖州）人，明末著名散文家、古文大家。

嘉靖十七年（1539）科舉進士，歷任青陽、丹徒知縣，有名政聲。遷任禮部、戶部官職等。以忤逆當權，落職歸鄉；明神宗萬曆二十九年（1601）卒，享壽九十高齡。

他最推重文友長輩唐順之（荊川先生）的文氣道意，認為要「文以載道」，遂依循荊川所撰輯《文編》，只取唐韓、柳及宋三蘇‧歐陽修、王安石、曾鞏等八家，撰集《唐宋八大家

---

2 《文淵閣四庫全書》，第 1377～1378 冊，明‧唐順之《文編》。

文鈔》，一時盛行，流傳廣遠，於是「唐宋八大家」定名，流傳後世至今。

　　他的《唐宋八大家文鈔·總序》略謂：

> 孔子之繫〔六藝〕易曰：「其旨遠，其辭文。」……（西）漢興，董仲舒、司馬遷、劉向、揚雄、班固輩，出而西京之文，號為爾雅。（漢末）魏、（西、東）晉、宋、齊、梁、陳、隋間，文日以靡，氣日以弱。至唐昌黎韓愈，首出而振之〔文起八代之衰〕，柳柳州（宗元）又從而和之。其多所獨開門戶，大較並尋六藝，相上下而羽翼之。及五代兵戈之際，天下寥寥〔稀落空寂〕矣。至宋興百年，文運天啟；於是歐陽公修，通經博古，一時文人學士，彬彬附起；蘇氏父子兄弟及曾鞏、王安石，其間材旨大小，音嚮雖屬不同，而要歸於孔子所刪定六經，則共為家習而戶眇〔遠傳〕之者也。世人往往謂文章與時相高下，抑不知文特以道相盛衰；時，非所論也。……即孔子之所謂「其旨遠」、「其辭文」……予於是手摭韓公愈、柳公宗元、歐陽公修、蘇公洵、軾、轍、曾公鞏、王公安石之文，題之曰《唐宋八大家文鈔》。[3]

　　《明史·茅坤傳》略載：

3　《文淵閣四庫全書》，第 1383、1384 冊，頁 11-3，明·茅坤編，《唐宋八大家文鈔》。

茅坤，字順甫，歸安人。嘉靖十七年進士；歷知青陽、
丹徒二縣。遷禮部主事，移吏部；又遷任廣西兵備僉事，
雅好談兵。……卒於萬曆二十九年，年九十。坤善古文，
最心折唐順之。順之喜唐、宋諸大家文，所著《文編》，
唐、宋人自韓、柳，歐陽、三蘇、曾、王八家外，無所
取；故坤選為《八大家文鈔》。其書盛行海內，無不知
茅鹿門者；鹿門，坤別號也。

二、唐宋八大家文章摘要簡編

　　唐宋八大家各擅文壇，其文章之等第與地位之高下，誠如
茅坤〈總序〉所言：其間材旨大小，音響不同。故自南宋以後，
爭議不休，難有定論。

　　然則，吾人亦可自歷代文人之中肯評論敘述，瞭解更多而
加深其文章地位等第之高下。

　　（一）明代文豪王世貞（1526～1590）評述：「明允〔老
蘇〕、子瞻〔大蘇〕善持論，而子由〔蘇轍〕文采不如父兄。」

　　（二）明末文人，《古文四體》作者孫鑛評語：「唐宋大
家，唐二人；宋大蘇父子、歐〔陽修〕、曾〔鞏〕、王〔安石〕
共五人，欒城〔蘇轍〕不與。」

　　（三）清・國學大師俞樾（號曲園，1821～1907）指出：
「茅（坤）鹿門所定八大家，但增入老蘇〔蘇洵〕耳。」

　　至此約可知，蘇洵、蘇轍被認為文章成就不如其他六位。

　　（四）而明代文人王禕更評比：蘇軾（東坡）不僅是「三

蘇」之冠，而且是宋代古文六家之冠。他說：「古稱文章家，自〔西〕漢、唐而下，莫盛於宋，而蘇軾於其間尤傑然者也。」

（五）宋代文士王十朋（1112～1171）評論：「唐宋文章，以唐之韓、柳，宋之歐陽、大蘇，使四子並駕而爭馳。」

（六）元代文人郝經（1222～1275，文學家元好問弟子）也說：「唐之古文，則稱韓、柳；宋之古文，則稱歐陽、大蘇。」

（七）明・王世貞又稱揚韓、柳，歐陽、大蘇。他比較更說：「韓、柳，振唐者也，曰斂華而實也；歐陽、大蘇，振宋者也，曰化腐而新也。」[4]

（八）清・張伯行（1651～1725，字孝先）於其大作《唐宋八大家文鈔選評》〈八家文引〉批評王安石：「王介甫以學術壞天下，其文本不足傳……世之君子嫉恨其人，而因以不重其文。」又說：「余選三蘇文，老泉（蘇洵）聊存一、二。」[5]

由以上文學家評述，可見蘇轍、蘇洵之文，先被排除而列於後，再者是君子嫉恨安石而不重其文。於是，論此者終選出韓、柳，歐陽、大蘇之古文為最優勝四位。

因此，吾人或可依仿東漢大文賦家班固（蘭臺）之〈古今人表〉九品（上上至下下），而品第其文章地位高下，則或可排列韓、柳，歐陽、大蘇等四位為最優上上；而王安石、曾鞏，蘇洵、蘇轍則僅能置於上中品第。

---

4 吳小林，《唐宋八大家》，頁 405-406。
5 清・張伯行（孝先），《唐宋八大家文鈔選評》，頁 3。

（一）蘇轍（字子由，號欒城、潁濱，1039～1112）〈上樞密韓（琦）太尉書〉略言

太尉執事：轍生好為文，孟子曰：「吾善養吾浩然之氣。」太史公行天下，其文頗有奇氣。……轍生十有九年矣〔此年與兄蘇軾同中進士〕，決然求天下奇聞壯觀，想見豪傑。至京師，仰觀天子宮闕之壯偉與苑囿之富大，又見翰林歐陽公，而後知天下之文章聚乎此也。太尉以才略冠天下，天下無憂，四夷所憚，而轍也未之見焉。故願得觀賢人之光耀，聞一言以自壯，而無憾者矣。轍年少，未能通習吏事。然幸得待選，歸益治其文，且學為政；太尉苟以為可教而辱教之，又幸矣！

（二）蘇洵（字明允，號老泉，1009～1066）〈六國論〉

六國破滅，非兵不力，戰不善，弊在賂秦。賂秦而力虧，破滅之道也。秦以攻取之外，〔受賂〕獲邑得城。則秦之所大欲，諸侯（六國）之所大患，固不在戰矣。……（諸侯）今日割五城，明日割十城，然後得一夕安寢；（日）起視四境，而秦兵又至矣。然則，諸侯之地有限，暴秦之慾無厭，秦之彌繁，侵之愈急；故不戰而強弱勝負已判矣；至於顛覆，理固宜然。古人云：以地事秦，猶抱薪救火，薪不盡，火不滅，此言得之。悲夫！有如

此之勢，而為秦人積威之所劫，日削月割，以趨於亡。

（三）曾鞏（字子固，屬今江西南豐人，1019～1082）〈墨池記〉

〔江西〕臨川之城東，有地隱然而高，以臨於溪，曰新城。新城之上，有池窪然而方以長，曰王羲之之「墨池」者。羲之嘗慕張芝，臨池學書，池水盡墨，此為其故跡。方羲之之不可強以仕，以娛其意於山水之間。羲之之書（法），晚乃善；則其所能，蓋亦以精力自致者。墨池之上，今為州學舍。教授王君盛恐其不章也，書「晉王右軍墨池」六字於楹間揭之，又告於〔曾〕鞏曰：「應有記」。推王君之心，其亦欲推其事以勉學者，而使後人知仁人之遺風餘思，以被於來世者。慶曆八年　曾鞏記。

（四）王安石（字介甫，號半山，後世稱王荊公，1021～1086）〈孔子世家議〉

太史公〔史記〕敘帝王則曰〈本紀〉，公侯傳國則曰〈世家〉，公卿特起則曰〈列傳〉，此其例也。其列孔子於〈世家〉，其進退無所據也。孔子無尺土之柄，此列之以〈傳〉宜矣，何為〈世家〉哉？……夫仲尼之才，帝王〔本紀〕可也，何特公侯〈世家〉哉？仲尼之道，世

天下可也，何特世其家哉？處之〈世家〉，仲尼之道不從而大；置之〈列傳〉，仲尼之道不從而小。而遷也自亂其例，所謂多所抵牾〔抵觸、矛盾〕者也。

又，〈遊褒禪山記〉：

褒禪山，唐浮圖〔佛徒和尚〕慧褒始舍於其址，故名之。……其下平曠，而記遊者甚衆。由山以上，有穴，入之甚寒，問其深，則好遊者不能窮也。余與四人擁火以入；入愈深，進愈難，而見愈奇。有怠而欲出者，曰：「不出，火且盡。」遂與之俱出。既其出，予亦悔其隨之，而不得極夫遊之樂也。於是予有嘆焉，世之奇偉瑰怪，非常之觀，常在於險遠，而人之所罕至焉，故非有志者不能至也。……此所以學者不可以不深思而慎取之也。〔仁宗〕至和元年　臨川王某記。

（五）柳宗元（字子厚，世人稱柳河東或柳柳州，773～819）〈始得西山宴遊記〉

自余居是州〔永州〕，日與其徒上高山，入深林，無遠不到。以為凡是州之山水有異態者，皆我有也，而未始知西山之怪特。今年九月，望西山，始指異之。遂命僕人過湘江，緣溪，窮山之高而上，攀援而登，則縈〔環繞〕青繚〔合繞〕白，外與天際，然後知是山之特立。

悠悠乎與顥氣俱，洋洋乎與造物者遊。引觴滿酌，頹然就醉，不知日之入。蒼然暮色，自遠而至，至無所見，而猶不欲歸。然後知吾嚮之未始遊。遊於是乎始，故為之文以志。是歲，〔唐憲宗〕元和四年也。

又，〈黔之驢〉〔技窮〕

黔之驢，放之山下。虎見之，龐然大物也。蔽林間窺之，稍出近之，憖憖〔謹慎敬畏〕然莫相知。他日，驢一鳴，虎大駭，遠遁，甚恐。然往來視之，覺無異能者。益習其聲，又近出前後，終不敢搏。稍近，益狎〔戲弄〕，驢不勝怒，蹄之。虎因喜，計之曰：「技止此耳！」因跳踉，斷其喉，盡其肉，乃去。噫！〔黔驢〕向不出其技，悲夫！

（六）韓愈（字退之，號昌黎，謚文公，又稱韓文公，768～824）〈進順宗皇帝實錄表狀〉

臣愈言：今之所以知古，後之所以知今，必憑諸史。若不存紀錄，不聞於茲，則功德事業，無可稱道焉。順宗皇帝以上聖之姿，早處儲副，晨昏進見，必有所陳，未有懈倦。及嗣守大位，行其所聞，傳授聖嗣。陛下欽承先志，紹致太平，實資撰次。〔憲宗元和〕八年十一月，臣在史職，監修李吉甫授臣以前史官所撰《先帝實錄》

三卷，云未周悉，令臣重修。臣等共加採訪尋檢，修成
《順宗皇帝實錄》五卷，著其繫於政者，比之舊錄，十
益六、七。刊正方畢，謹隨〈表〉獻上。臣（韓）愈誠
惶誠恐，頓首頓首，謹言。

茲謹案，依據大陸華中師大、武漢大學謝貴安教授所著《中
國已佚實錄研究》一書，用心頗深，精勤研究。以《隋書經籍
志‧梁皇帝實錄》；《（舊）唐書經籍志（上）》，周興嗣‧
〈梁皇帝實錄〉；南宋鄭樵‧《通志‧藝文略》，〈梁皇帝實
錄〉；及南宋元初‧王應麟，《玉海》卷四十八，〈藝文‧實
錄〉：「實錄起於蕭梁」（南朝梁代蕭衍武帝，在位四十八年，
高壽八十六歲。）

謝教授又著言，除了唐‧韓愈所修《順宗實錄》，北宋《太
宗實錄》及《明實錄》，其餘之以前皇帝《實錄》，在清‧乾
隆時代，紀昀（曉嵐）等纂修《四庫全書》時，確定皆已散佚。

因此，本書編者極重視韓文公此篇〈表狀〉，用以保存寶
貴史料也。

（六）又，韓愈〈師說〉

古之學者必有師。師者，所以傳道受業解惑也。人非生
而知之者，孰能無惑？惑而不從師，其為惑也，終不解
矣。……聖人之所以為聖，愚人之所以為愚，其皆出於
此（從師而學問）乎！……聖人無常師，孔子師郯子、

萇弘、師襄、老聃。郯子之徒，其賢不及孔子；孔子曰：「三人行，則必有我師。」**是故弟子不必不如師，師不必賢於弟子；聞道有先後，術業有專攻，**如是而已。李氏子蟠，年十七，好古文，六藝經傳皆通習之，不拘於時，學於余。余嘉其能行古道，作〈師說〉以貽之。

（七）、歐陽修（字永叔，號醉翁，又號六一居士，江西廬陵人，1007～1072）〈朋黨論〉

臣聞朋黨之說，自古有之，惟幸人君辨其君子小人而已。大凡君子與君子，以同道為朋；小人與小人，以同利為朋；此自然之理也。然臣謂小人所好者祿利也，所貪者財貨也，當其同利之時，暫相黨引以為朋者，偽也。及其見利而爭先，或利盡而交疏，則反相賊害。君子則不然，所守者道義，所行者忠信，所惜者名節；以之修身，則同樂而相益；以之事國，則同心而共濟；始終如一，此君子之朋也。故為人君者，但當退小人之偽朋，用君子之真朋，則天下治矣。……嗟呼！興亡治亂之跡，為人君者，可以鑒矣。

又，歐陽修〈豐樂亭記〉

修既治滁〔今安徽滁縣〕之明年夏，始飲滁水而甘……於是疏泉鑿石，闢地以為亭，而與滁人往遊其間。……

既得斯泉於山谷之間，乃日與滁人仰而望山，俯而聽泉，四時之景，無不可愛。又幸其民樂其歲物之豐成，而喜與予遊也。因爲本其山川，道其風俗之美，使民之所以安此豐年之樂者，幸生無事之時也。夫宣上恩德，以與民同樂，刺史之事也，遂書以名其亭矣。慶曆丙戌〔六年〕六月　歐陽修記。

又，附錄歐陽修著名〈生查子〉詩文

去年元月時，花市燈如畫。月上柳梢頭，人約黃昏後。今年元月時，月與燈依舊。不見去年人，淚滿春衫袖。

（八）、蘇軾（字子瞻，號東坡居士，1037～1101）

〈念奴嬌・赤壁懷古〉

大江東去，浪淘盡，千古風流人物。故壘西邊，人道是，三國周郎赤壁。亂石穿空，驚濤拍岸，捲起千堆雪。江山如畫，一時多少豪傑。遙想公瑾當年，小喬出嫁了，雄姿英發。羽扇綸巾，談笑間，強擄灰飛煙滅。故國神遊，多情應笑我，早生華髮。人生如夢，一樽還酹〔以酒灑向〕江月。

又，東坡〈前赤壁賦〉

壬戌之秋，七月既望，蘇子與客泛舟遊於〔湖北〕赤壁
之下。清風徐來，水波不興。舉酒屬客，誦明月之詩，
歌窈窕之章。少焉，月出於東山之上，徘徊於斗牛之間。
白露橫江，水光接天。縱一葦之所如，凌萬頃之茫然。
浩浩乎如憑虛御風，而不知其所止，飄飄乎如遺世獨立，
羽化而登仙。於是飲酒樂甚，扣舷而歌之。客有吹洞簫
者，倚歌而和之。……吾與子漁樵於江渚之上，侶魚蝦
而友麋鹿，駕一葉之扁舟，舉匏樽以相屬，寄蜉蝣於天
地，渺滄海之一粟。哀吾生之須臾，羨長江之無窮，挾
飛仙以遨遊，抱明月而長終，知不可乎驟得，托遺響於
悲風。蘇子曰：「……夫天地之間，物各有主，苟非吾
之所有，雖一毫而莫取。惟江上之清風，與山間之明月，
耳得之而為聲，目遇之而成色，取之無禁，用之不竭，
是造物者之無盡藏也，而吾與子之所共適。」客喜而笑，
洗盞更酌；肴核既盡，杯盤狼藉。相與枕藉乎舟中，不
知東方之既白。

又，附錄東坡千載傳世著名詩詞〈水調歌頭〉

明月幾時有？把酒問青天。不知天上宮闕，今夕是何年？
我欲乘風歸去，又恐瓊樓玉宇，高處不勝寒。起無弄清
影，何似在人間。轉朱閣，低綺戶，照無眠。不應有恨，
何事長向別時圓？人有悲歡離合，月有陰晴圓缺，此事
古難全。但願人長久，千里共嬋娟。

三、同代及後代對八大家文評價讚譽

　　「立言」不朽，能卓然自成「一家」，已屬不易；何況是成為同代及後代世人所讚賞推尊的「大家」。茲亦摘錄歷代文人名士對八大家的評語賞譽：

（一）蘇　轍

　　1.蘇軾（子瞻）說：「子由（轍）之文汪洋澹泊，而有秀傑高妙之氣。」

　　2.茅坤：「蘇（轍）文定公之文，或不如父兄，然其文亦沖和澹泊遒逸，有別調。」

（二）蘇　洵

　　1.曾鞏〈蘇明允哀辭〉云：「其文指事析理，引物托喻……文務一出己見，慨然有志於功名者。」

　　2.歐陽修〈故主簿蘇君墓誌銘〉：「蘇君之文博辯宏偉，下筆縱橫天下，出入深微。」

（三）曾　鞏

　　1.蘇東坡評說：「曾子獨超軼，孤芳陋群妍。」

　　2.朱熹感慨言之：「曾氏文嚴而理正，吾居而誦習，未嘗不掩卷廢書而嘆，何世之知公淺也。」

（四）王安石

1、明・唐順之評曰：「半山（王安石）文字，其長在遒勁。」

2.清末民初劉師培（1884～1919）譽評：「介甫（安石）文辭奇絕，推闡入深。」

（五）柳宗元

1.蘇東坡評論：「（柳）子厚文，外似澹，而中實美。」

2.宋・嚴羽《滄浪詩話・詩評》：「楚辭唯屈（原）宋（玉）諸篇當讀之，讀「騷」之久方識真味，須歌之抑揚；唐人惟柳子厚深得「騷」學。」

宋人稱揚柳宗元古文造詣成就，而得與韓愈並稱「韓柳」。

（六）韓　愈

1.杜牧讚曰：「韓（愈）文與杜（甫）詩並列，推稱「杜詩韓筆。」

2.蘇東坡〈潮州韓文公廟碑〉更是高度評價大力讚譽：

匹夫而爲百世師，一言而爲天下法，參天地之化，關盛衰之運……天下靡然從（韓文）公，**蓋文起八代之衰，道濟天下之溺**，浩然而獨存者。

（七）歐陽修

1.王安石仰慕讚嘆：「歐陽公器質深厚，知識高遠，其文

議論，豪健俊偉，浩如江河，燦如日月。」

2.蘇東坡更是尊揚讚美：「其文，論大道似韓愈；紀事似司馬遷；詩賦似李白。天下翕然師之，群起欣然推尊。」

（八）蘇 軾（東坡）

1.黃庭堅讚賞：「東坡老於文章，落筆超逸絕塵，文章美妙天下。」

2.宋·胡仔《苕溪漁隱叢話·後集卷三十九》：「中秋〈詞〉，自東坡〈水調歌頭〉一出，餘詞可盡廢。」

3.曾國藩評讚：「立言不朽，而古來立言不朽者，如馬、班、韓、歐陽、李、杜、蘇、黃，古今曾有幾人？」

4.文學幽默大師林語堂讚譽：「東坡有大文豪創造力，其放任不羈像高士酒仙，他令人傾倒的文章，讓我有了精神食糧而為他寫下《蘇東坡傳》。」

要之，東坡的散文、詩、詞、賦皆富造詣成就，為全方位極優的古文大家；他的提攜影響而有「蘇門四學士」、「蘇門六君子」。與「江西學派」領袖黃庭堅並稱「蘇黃」，又與南宋辛棄疾合稱「蘇辛」，他更是北宋四大書家（蘇東坡、黃庭堅、米芾、蔡襄）之首。東坡文名，當時已驚動天下，之後，更流傳千載至今。

第十章　《菜根譚》精要摘錄集編

一、作者洪應明及《菜根譚》簡介

洪應明，字自誠，明中、末葉儒士文學家，佛道崇信者，融通儒、釋、道思想，《明史》無傳，約於萬曆三十年（1602）前後時期在世。

依據他繪著的另一部仙者（赤松子、彭祖、陳摶等）、佛家（釋迦牟尼、達摩、布袋和尚等）的人物列傳作品《仙佛奇蹤》得悉，他早年「幼慕紛華」，熱衷於功名仕祿；而中晚年「棲入禪寂」，歸隱山林，潛心禮佛修道，專力著述求善積德。

此書卷首有袁黃進士（了凡）的〈仙引〉與馮夢楨（開之）的〈佛引〉，宣揚修心長生，覺悟道佛境界；書末記曰：「萬曆壬寅〔三十年，西元 1602〕　還初道人　書於秦淮小邸」。

應明原籍四川新都；在萬曆三十年前後，或居金壇而常住不遠的秦淮河畔。此地靠近「江南貢院」科舉考場及文廟「孔廟」與地方小吃街雜貨店一帶；亦即為劉禹錫〈金陵〔南京〕題詩〉名句：「朱雀橋邊野草花，烏衣巷口夕陽斜，舊時王謝堂前燕，飛入尋常百姓家。」之處。

那時，他常與至交好友袁黃（了凡居士）、于孔兼、馮夢

楨等文士交遊，時有過從來往。

袁黃（1533～1606），號了凡，祖籍（江蘇）蘇州府吳江縣，後遷入（浙江）嘉興府嘉善縣。生於明世宗嘉靖十二年（1533），萬曆十四年（1586）科中進士，歷官主簿、拾遺、縣令，兵部職方司（征討倭寇，故其紀念雕像有著軍裝者。）卒於萬曆三十四年（1606），享年七十四歲。

袁黃改名「了凡」之後，遠離凡塵，崇信佛法，每日省記「功過格」，自善悔過。六十九歲時，撰述著名的勵志家訓《了凡四訓》奇書寶典；主題有〈立命之學〉、〈改過之法〉、〈積善之方〉、〈謙德之效〉四訓。其書引韓愈言：「一時勸人以口，百世勸人以書。」

于孔兼，《明史》列有簡傳。（江蘇）金壇人，萬曆八年（1580）進士，曾官禮部主事；後因晚明政治黑暗，宦官亂政，國事紛擾，於是以超脫情懷，辭官退隱歸鄉，杜門讀書，家居講學。

馮夢楨（1548～1605），字開之，號真實居士，（浙江）嘉興人，科舉進士，官至南京「國子監祭酒」（教育部門最高主管），為文學家暨藏書家。

綜閱《菜根譚（談）》，書名緣由取自宋代儒士汪革（字信民，1071～1110，北宋「江西詩派」文人進士，博學多才，辭句精奇。）語：「人能（心靜樂道）咬得菜根，則百事可做成。」

全書勉人修儒道以應對人間世態；立身處世方圓屈伸；接物謙沖慎懷，功高不居；進修品性，種善積德。

成書蓋於萬曆三十年（1602），書首有好友于孔兼題詞

友人洪自誠，持《菜根譚》示予，且求予序。讀之，其譚（談）性命，道人情，俯仰天地，識趣高遠；綠樹青山，鳶飛魚躍，此其自得。以「菜根」名，固自清苦歷練中來，亦自栽培灌溉裡得；其所自警自力可思矣。由是以數語弁之〔正文之前序〕，俾公諸人人，如菜根中有真味也。

二、《菜根譚》一書精要篇句摘錄

本書內容豐富，涵括甚廣，言近旨遠，深富哲理；以格言、警句入書為「語錄體」。文詞優美，曉暢流俐，令人閱讀感悟省思，開卷有益，很受歡迎。

以下摘錄其精華至篇神采名句：

◎疾風怒雨，禽鳥戚戚；霽日光風，草木欣欣。可見天地不可一日無和氣，人心不可一日無喜神。〔吉祥喜悅〕

◎面前的田地〔心田〕要放得寬，使人無不平之嘆；身後的惠澤要流得長，使人有不匱〔不盡〕之思。

◎處治世宜方，處亂世宜圓，處叔、季〔中末衰落〕之世當方圓並用；待善人宜寬，待惡人宜嚴，待庸眾之人當寬嚴互存。

◎我有功於人不可念，而過則不可不念；人有恩於我不可忘，而怨則不可不忘。

◎福不可徼〔邀致，求取〕，養喜神以為召福之本而已；禍不可避，去殺機〔致害心機〕以為遠禍之方而已。

◎天地之氣，暖則生，寒則殺〔肅殺凋枯〕；故性氣清冷者，受享亦涼薄；唯和氣熱心之人，其福亦厚，其澤亦長。

◎地下穢者〔還〕多生物，水之清者常無魚〔水至清無魚，人至察無徒〕；故君子宜當存含垢納汙之〔度〕量，不可持好潔獨行之操〔把持一意孤行態度〕。

◎聲妓晚景從良，一世之胭花無礙；貞婦白頭失守，半生之清苦俱非。語云：「看人只看後半截」，真名言也。

◎不責人小過，不發人陰私，不念人舊惡；三者可以養德，亦可以遠害。

◎老來疾病，都是壯時招〔致〕的；衰後罪孽，都是盛時作〔引造〕的。故持盈履滿，君子尤兢兢焉。

◎毋偏信而為奸〔佞〕所欺，毋自任〔剛愎放任〕而為〔意〕氣所使；毋以己之長而形人之短，毋以己之拙而忌〔嫉妒〕人之能。

◎士君子貧不能濟物者，遇人癡迷處出一言提醒之，遇人急難處出一言解救之，亦是無量功德。〔佈施有三種：以錢財、物品；及語詞點悟佳言寬慰。〕

◎居官有二語，曰：惟公則生明，惟廉則生威〔望〕；居家有二語，曰：惟恕則情平〔無怨恨〕，惟儉則用足。

◎日既暮而猶煙霞絢爛〔夕陽無限好，彩霞正滿天〕，歲將晚而橙橘更芳馨。故末路〔晚境〕晚年，君子更宜精神百倍。〔老當益壯〕。

◎事稍拂逆，便思不如我的人，則怨尤自消；心稍怠荒，便思勝似我的人，則精神自奮。

◎用人不宜〔苛〕刻，刻〔薄〕則思效者〔願效力者〕去；交友不宜濫〔過多輕率〕，濫則貢諛〔逢迎獻媚〕者來。

◎徜徉於山林泉石之間，而塵心漸息；夷由〔靜觀自得〕於詩書圖畫之內，而俗氣潛消；故君子雖不玩物喪志，亦常借境調心。

◎幽人清事總在自適，故酒以不勸為歡，棋以不爭為勝〔奕棋，清（雅）戲（娛樂）也，且動〔楚漢〕戰爭之心〕，琴以無弦為高〔陶淵明：「但識琴中趣，何勞弦上聲？」〕，會以不期約為真率，客以不迎送為坦夷〔坦然真摯〕。若一牽文泥跡〔拘泥文飾世俗之繁文縟節〕，便落塵世苦海矣。

◎雨餘〔後〕觀山色，景象便覺新妍〔清新美好〕；夜靜聽鐘聲，音響尤為清越。〔張繼〈楓橋夜泊〉：夜半鐘聲到客船。〕

◎人生減省一分，便超脫一分。如交遊減，便免紛擾；言語減，便寡衍尤（過失）；〔禍從口出，明・朱伯廬〈治家格言：「處世戒多言，言多必失。」〕思慮減，則精神不耗。彼不求日減而求日增者，真桎梏此生哉！

◎攻人之惡毋太嚴，要思其堪受；教人以善毋過高，當使其可從。

◎憂勤是美德，太〔勞〕苦則無以適性宜情；澹泊是高風，太枯〔僻〕則無以濟人利物。

◎學者有段兢業的心思，又要有段瀟灑的趣味。若一味斂

束〔收斂拘束〕清苦,是有秋殺無春生,何以發育萬物?

　　◎恩宜自淡而濃,先濃後淡者,人忘其惠;威宜自嚴而寬,先寬後嚴者,人怨其酷。〔冷酷耍威〕。

　　◎寵辱不驚,閒看庭前花開花落;去留無意〔去官留仕不用太在意〕,漫隨天外雲捲雲舒。

　　◎花看半開〔最美〕,酒飲微醉〔最妙〕,此中大有佳趣。若至爛熳〔然即凋謝〕酕醄〔酩醺大醉〕,便成惡境矣。履盈滿〔志得意滿〕者,宜思之。

　　◎家人有過,不宜暴怒,不宜輕棄。此事難言〔一時難以直言〕,借他事隱諷之〔婉言暗示〕;今日不悟,俟來日再警〔示〕之。如春風解凍,如和氣消冰,纔是家庭的型範。

三、《菜根譚》一書好評推薦

　　《菜根譚》為一本揉合儒道釋之中道、無為、出世思想的佳作好書。三教並存交織運用,教人立身處世,安心立命;讓大部分身在紅塵世界的人們,因細讀領略此書精要,而亦能飄然物外,出凡入聖。

　　書內處世哲學警句,如醍醐灌頂;而詩情畫意佳句,則又清新可喜。

　　「咬得菜根覓得香」,它教人清淡才是真味,自清苦歷鍊,吃得苦中苦,方能鍛鍊身心氣質,見識教養,積善累德,造就成為人上人。

　　這本以條列格言哲理的修身養性,名篇佳句之「語錄體」

作品，用小段句呈現大道理，啟發人們情懷，學會沈澱省思，是心靈雞湯精典名著。

　　它採集三教真理文句，流傳後世而至今不易。極適宜置放書架上、床頭邊，閒來無事，拋卻煩憂，靜下心來，翻讀領受。

　　它是一本實用的為人處事，進德修行奇書，值得吾人欣賞品味，由少到老，可一讀再讀，領會不盡，受用無窮。

第十一章　徐霞客及其《遊記》精要概編

一、徐霞客傳略

　　徐霞客（1586～1641），是明代末季的地理學家、旅行家暨文學家，南直隸江陰人（今江蘇江陰）。

　　他原名弘祖（至清初高宗乾隆弘曆帝時代，紀曉嵐等纂修《四庫全書》時，避諱「弘」字而改寫「宏祖」。《文淵閣四庫全書》第 593 冊，收錄有《徐（宏祖）霞客遊記》）。原號「霞逸」，為其師黃道周（1585～1646，世稱石齋先生，明末學者文學家）所取；後來又以其長輩至友陳繼儒（1558～1639，字仲醇，號眉公，明季文學書畫家，南直隸華亭〔今上海松江區青埔〕人。）所號之「霞客」行。[1]

　　霞客科舉第一試不第，就絕意仕途，而時慕心馳神飛於山水之間，其母亦勉之「男子宜志在四方」。於是，更促成他一生奇遊多彩，萬里遐征，蹤跡天下之名山勝水。旅遊於一般人

---

1 陳函輝〈霞客徐先生墓誌銘〉。

所稀行罕至，詢就尋常人所稀見少聞。

　　他大約三十五年（萬曆三十五年，1607 至崇禎十三年，1641）的奇遊，上下縱橫二萬六千里，大大超越常人所謂之「行萬里路」（董其昌《畫禪室隨筆・畫旨》：「讀萬卷書，行萬里路，胸中自然，隨手寫來，皆傳神山水矣。」）

　　他旅行山水，遊興濃厚，隨時提筆寫日記，天然景觀之奇山異水，詢究所見所聞，實地調查考察，走看問記，眼見為憑是真，忍飢耐寒，嗜好奇險，喜愛山水旅遊，不顧貧缺病傷，搶匪惡盜。終而奮筆直書，成就其一生精力心血的《徐霞客遊記》。

　　《遊記》好奇探險，浪跡天下，包羅萬象，涵括大自然高山大水，峽谷飛瀑（貴州白水河黃菓樹大瀑布）、奇花異草、珍禽奇獸、佛道寺觀、巖溶地貌、地質生態、石林洞穴、晴雨氣象、民俗風情、記人敘景、湖泉石木、夕陽餘暉、星耀月明、名山麗水；上自天文，下及地理，追尋探究，寄情山水，山靈水媚，萬里奇觀，千年見聞，奇麗多彩，水天一色，人景相溶，耳音目色，脫俗超然，以奇人寫奇文而成奇書，為中華大地研究之先驅，成嘔心瀝血撰述之名著，立功立言光輝不朽矣。

　　霞客生於明神宗萬曆十四年（1586），明思宗崇禎十三年（1640）浪跡遐遊雲南時，病足不良於「行」。〔《黃帝內經・素問》第一篇：「不妄作勞（五勞：久視久臥久坐久立久「行」），而盡終其天午，度百歲乃去。」〕，所幸得麗江木增知府之助，備肩夫轎輿送歸，再以舟楫順長江水東流而歸京口（鎮江），旋回江陰，得生還；唯病累甚，隔年（崇禎十四年，1641）卒，

年五十六;葬於家鄉馬灣。

《明史》文苑傳及隱逸傳,皆不為之列傳,怪哉!唯其至友錢謙益(1582～1664,蘇州人,號牧齋,晚又號絳雲樓主人,官至禮部尚書)特地為其立有〈徐霞客傳〉略謂:

> 徐霞客,名弘祖,江陰人。奇情對山水,能徒步走數百里。……尋金沙江,泛瀾滄(江),過麗江,雞足(山),以〈溯江紀源〉一篇寓余,言〈禹貢〉岷山導江,有誤導,非(長)江源也。……於滇,足不良行,麗江木(增)太守,備糧具筍輿以歸……霞客記遊之書,當為古今遊記之最。卒年五十有六,葬江陰之馬灣。

二、《徐霞客遊記》旅遊省份府縣精要概編

徐霞客立志遠遊考察四方,從二十二歲(萬曆三十五年,1607)自家鄉江陰南下遊覽太湖開始,至五十五歲(崇禎十三年,1640)在雲南「病足不良於行」,經由麗江知府木增僱請肩夫抬轎護送東歸陸路,後再循長江水路東流而下至京口(鎮江)及歸返家鄉,病累甚,又拖病整理《遊記》;隔年(崇禎十四年,1641),終於身心勞瘁而卒,得年五十六歲;前後總共花用近三十五年時光。

他的壯志旅遊考察,大約可以崇禎九年(1636)分界為前、後兩時期。前期從 1607 至 1636 年,約花三十年;後期主要旅遊探險於廣西、貴州、雲南、三省,自 1636 至 1640 年,計費

約五年。

　　據專家以其《遊記》所記載之地理行程作估算統計，霞客
總共旅行二萬五千九百九十五里（因勞病未寫日記及佚失缺記
者還不算在內。），其中單就步行走路計有一萬六千六百七十
九里，占最多的 64%。其餘坐船七千二百零五里，占 27%；騎
馬一千二百五十五里，占 5%；坐轎九百五十六里，占 4%；後
三者合占僅 36%。[2]亦即，徐霞客的旅遊，主要以步行為主，
約占三分之二的里數。

　　他所踏遍的中華大地，計有十六省，超過現今行省大半，
其旅遊之勤，遊覽之盛，於此可以知見。茲以簡表概記其旅行
省份及主要府縣城市：

省　　名	府縣城市
1、江　蘇	太湖（湖中洞庭山），無錫，宜興荊溪，武進，丹陽，句容（茅山），南京（金陵），蘇州，昆山等。
2、山　東	**東岳**泰山，曲阜（孔廟、孔林），嶧山，鄒縣（孟廟）等。
3、河　北	京師（北京），薊縣（盤山）等。
4、浙　江	杭州（西湖、岳王祠、靈隱寺），紹興（蘭亭），寧波，普陀山朝拜觀音大士，桐廬（富春江嚴子陵磯），餘杭，臨安，錢塘江，蘭溪，衢州，金華，永康，三遊天台山與雁宕山，樂清等。
5、安　徽	休寧，二遊黃山（飛來峰、光明頂。遊遍天下後，友人問：中華大地哪裡最壯美？霞客答：登黃山，覺天下無山可比，觀止矣！）九華山，白岳，齊雲山。

---

2 唐錫仁、楊文衡，《徐霞客及其遊記研究》，頁 32。

6、江　西（江右）	九江（廬山西林寺〔不識廬山真面目，只緣身在此山中〕、五老峰、三疊泉），鄱陽湖，貴溪，龍虎山，南豐，宜黃，永豐，吉水，吉安（廬陵）。
7、福　建（閩）	崇安武夷山九曲溪（幔亭峰），建甌，延平（南平），龍溪，永安，興化府（莆田）仙遊縣九鯉湖，漳平，南靖，泉州，漳州漳浦等。
8、廣　東	羅浮山（在漳浦拜見老師黃道周，介紹至羅浮山認識鄭鄤。）
9、河　南	開封，鄭州，登封（**中岳**嵩山少林寺、達摩面壁九年石洞）；洛陽。
10、湖　北（湖廣，楚）	太和山（武當山，登道教勝地凌虛巖）。
11、陝　西	潼關，西安府華陰縣（**西岳**太華山）等。
12、山　西	遊太原府五台（東、西、中、南、北台）山，渾源，大同府恒山（**北岳**）懸空寺奇觀等。
13、湖　南（湖廣，楚）	衡山（登**南岳**祝融峰），衡陽（登回雁峰，上石鼓山），茶陵，耒陽，郴州，永州（訪柳宗元〈始得西山宴遊記〉特立奇態山丘）。
14、廣　西（粵西）	漓江桂林，陽朔，柳州，桂平，玉林，南寧（陪從僧人靜聞不幸病卒於此，霞客依其囑，後奉骨灰葬於雲南雞足山。）
15、貴　州（黔）	都勻，貴陽府，安順府，鎮寧州（白水河黃果樹大瀑布，「白練飛空瀉下，水聲如轟雷，入重淵，余意以闊而大之瀑布奇境至矣」。），普安縣等。
16、雲　南（滇）	**昆明府**、晉寧（滇池），昆陽，雞足山（登絕頂），**麗江府**，洱海，**大理府**，保山（永昌），〔即明代狀元楊慎〈臨江仙：滾滾長江東逝水〉被世宗嘉靖皇帝貶謫流放三十五年之窮鄉僻壤之地〕，騰越（今騰衝），並歷金沙江、瀾滄江、潞（怒）江等三大江等。

三、同代及後代人對徐霞客遊記評價推崇

　　徐霞客志在四方，以近三十五年時間精力浪跡奇險，神遊大地壯觀山水，以奇人旅行大半中國的十六省風光，邊走邊看邊記，用奇文紀錄寫出其嘔心瀝血的奇書《遊記》，涵括範圍

廣大，內容豐富可讀，受到同代及後代人的高度評價，極力推崇。

　　1、好友錢謙益〈徐霞客傳〉讚揚：「霞客奇情對山水，以〈溯江紀源〉言〈禹貢〉「岷山導江」，為汎濫（誤導）之始，非（長江）發源也。……霞客記遊之書，當為古今遊記之最。」又說：「霞客乃千古奇人，《遊記》乃千古奇書，當傳之不朽。」

　　2、梁啟超在《中國近三百年學術史‧地理學》推讚：「中國地理書，當以此《遊記》為第一，一切以科學實測為基礎，霞客真獨有千古矣！」

　　3、丁文江（字在君，1887～1936，北大地質系教授）推崇說：「華人知金沙江為揚子江（長江）上游，自霞客先生開始，此亦其在地理上最重要之發現也。」（〈徐霞客先生年譜〉）。

　　4、竺可楨（1890～1974，前浙大校長，著名地理學家）在民國三十年（1941），號召倡辦「紀念徐霞客仙逝三百週年學術研討會」上，高度評價讚同肯定徐霞客及其《遊記》在地理上的卓越貢獻與地位。

　　5、丁文江的摯友胡適（1891～1962，北大校長、中研院院長）於〈丁在君與徐霞客〉一文推讚：「徐霞客為探險求知而遠遊，其精神為近世史上最難得而可佩者。」

　　6、褚紹唐（1912～2004，上海華東師大地理系前教授）在《徐學概論──徐霞客及其遊記研究》序文讚美：「徐霞客遊記篇幅鉅大，遊程也最廣；他是中華國土考察的先驅，也是開創近世代地理學的帶頭人。」

　　7、朱惠榮（1936～，貴州人、雲南大學教授，雲南「徐霞客研究會」會長，「中華徐霞客研究會」副會長）在其名著《徐霞客與徐霞客遊記》，大力讚賞高度評價說：「《徐霞客遊記》是中華地理學百科全書，是明末歷史實際紀錄，是一部山水文學名著，也是旅行中華大地導遊手冊。」

第三編　清代編錄九種

第十二章　《古文觀止》精要概編

一、《古文觀止》及其主編吳楚材簡介

中華古代散文歷史悠長，在歷代中，出產不同流派優秀文士作家，創造撰就廣泛題材與言辭優美古文。

他們所留下的古典文學作品，流傳後世賞析，作為學習典範。

經典絕美的篇章文字，蘊含肺腑至情，扣住人們心弦，觸動情感吟誦，迴腸盪氣，神思低唱，心靈起伏而歸於沈澱澄澈。

於是有心之士，為適合立志創作或迎合有興趣閱賞之大眾讀者的迫切需求與便利，乃思考編集歷代優秀古文，成書刊行作為模範讀本。

然則，古典文章作品，浩如煙海，或艱深難讀，即使個人盡其精力時間，也不容易閱完讀畢。

因此，尋求編出一種被認為比較妥適的古文選本，也就自然應運而生。

　　清初康熙三十四年（1695），由書塾老師文士吳楚材（乘權）及其侄吳調侯（大職），為「正（啟）蒙養而裨後學」，乃精心編選註釋《古文觀止》一書，並由其伯父文學家吳興祚審訂後出書發行。

　　書名「觀止」兩字，原典緣自《左傳・季札觀周樂》一文，春秋時代吳國貴族公子季札出使文化水準較高的魯國時，在觀賞不同的歌舞演出，至歌頌虞舜〈簫韶〉（簫韶九成，鳳凰來儀）舞曲時，大為讚嘆曰：「德哉！大矣。觀止矣！他樂吾不〔再〕敢請已。」（對這舞曲嘆為觀止！其他樂曲，不用再請出而比較了。）

　　亦即，精選編成的《古文觀止》一書，乃集古文之大成，接近盡善盡美，觀止矣！

　　此書十二卷，上自東周，下至明代古文。由於選文精當，雅俗能賞，文士學子家戶喻曉，影響廣大久遠至今。

　　當前為配合時勢潮流所趨及現代人生活多樣忙錄，為避免艱深難讀，陌生畏懼排斥；編者乃選集篇幅不長而優秀精華古文，期盼有助於提昇文學趣味修養，加深文化內涵層次境界。

　　吳楚材（1655～1719），原名乘權，浙江山陰（今紹興）人，清初順治（福臨）十二年（1655）生，聖祖康熙五十八年（1719）卒，得年六十五歲。

　　他從小就勤奮好讀，及長，在書塾教授弟子學文，春風化雨，手不釋卷，化育人才。也曾任其山陰伯父吳興祚（歷官知縣、知州，福建巡撫、兩廣總督）幕僚，並擔任其子伴讀。

　　吳楚材編就《古文觀止》時，先呈送伯父興祚（1632～1698）

審閱後再刊行出書；所以，在正文前有吳興祚〈序文〉略謂：

> 余喜讀古文……奉天子命撫八閩〔福建〕，時從子〔姪子〕楚材實左右。楚材潛心力學，工舉業，好讀文史，於尋常講貫〔授〕之外，別有會心，與從孫〔姪孫〕調侯，日以古學相砥礪。調侯本其家學，每思繼續前人而光大之。二子才器過人，下筆數千言，蓋得力於古文深矣。今二子寄余《古文觀止》一編，詳註審辨，無不精切確當。批閱數過，喜矣。以此正蒙養而裨後學，其功豈淺哉！亟命付諸梨棗〔梨棗木材雕板刻印成書〕，而為數語以弁（前序）其首。

康熙三十年端陽日　愚伯興祚題

二、《古文觀止》精要概編

《古文觀止》全書凡十二卷，原為吳楚材叔姪給私塾學生課編教材，上自周代，下迄明末所精選的古文。

十二卷中，卷一至卷三為周古文；卷四，秦文；卷五與卷六，漢文；卷七與卷八，六朝唐文（含韓愈古文）；卷九至卷十一，唐（柳宗元）宋文；卷十二，明文。

其中，「唐宋八大家」的古文，取韓愈、蘇軾（東坡），歐陽修、柳宗元的作品為（最）較多；而王安石、曾鞏、蘇洵、蘇轍的文章，只分別選個位數的四、二、四、三篇而已。

　　此即吾人在第九章《唐宋八大家文章》內所指出，唐之韓、柳，宋之歐陽、大蘇四位的古文，為最優品第，地位也最崇高。

　　《古文觀止》所收錄作品，其中有不少流傳後世傳誦千年的名篇至文，比如：〈周文‧季札觀周樂〉；卷四，屈原〈卜居〉；漢文，《史記》〈孔子世家贊〉、〈太史公自序〉、〈報任（安）少卿書〉；漢武帝〈求茂才異等詔〉；諸葛亮〈前出師表〉。六朝唐文，王羲之〈蘭亭集序〉，陶淵明〈歸去來辭〉、〈桃花源記〉、〈五柳先生傳〉；李白〈春夜宴桃李園序〉，劉禹錫〈陋室銘〉；唐文，韓愈〈師說〉；宋文，李格非〈書《洛陽名園記》後〉；范仲淹〈嚴（子陵）先生祠堂記〉、〈岳陽樓記〉；歐陽修〈朋黨論〉、〈豐樂亭記〉、〈醉翁亭記〉；蘇軾（東坡）〈潮州韓（愈）文公廟碑〉、〈前赤壁賦〉；王安石〈遊褒禪山記〉；明文，宋濂〈閱江樓記〉等。

　　又，以上傳誦千百年的名篇至文中，屈原〈卜居〉、司馬遷〈報任（安）少卿書〉、漢武帝〈求茂才異等詔〉、諸葛亮〈（前）出師表〉，已在本書第五章《昭明文選》摘錄。〈蘭亭集序〉已於第三章《王羲之蘭亭集序》；〈歸去來辭〉、〈桃花源記〉、〈五柳先生傳〉已在第四章《陶淵明詩文辭賦》；韓愈〈師說〉、歐陽修〈朋黨論〉、〈豐樂亭記〉、蘇軾（東坡）〈前赤壁賦〉，王安石〈遊褒禪山記〉等；已於第九章《唐宋八大家文章》摘錄過，茲不再贅。

　　於是，又依仿宋人胡仔《苕溪漁隱叢話》所言：「古今詩（文）人，以詩（文）名世者，或只一篇，然播送於後世，膾炙於人口者，終不出此矣，豈在多哉？」

以下，乃概介1、〈季札觀周樂〉、2、〈孔子世家贊〉、3、〈太史公自序〉、4、〈春夜宴桃李園記〉、5、〈陋室銘〉、6、〈書《洛陽名園記》後〉、7、〈嚴（子陵）先生祠堂記〉、8、〈岳陽樓記〉、9、〈醉豐亭記〉、10、〈潮州韓文公廟碑〉、11、〈閱江樓記〉等，一一概要錄編。

1.〈季札觀周樂〉

> 吳公子札來聘〔訪問〕，請觀（賞）於周樂。使〔樂〕
> 工為之歌〈周南〉、〈召南〉、〈鄭〉、〈衛〉、〈齊〉、
> 〈魏〉、〈小雅〉、〈大雅〉、〈頌〉等。見（觀）舞
> 〈象箾〉、〈南籥〉、〈大武〉。至見舞〈韶箾〉者，
> 曰：「德至矣哉！大矣，如天之無不幬（覆蓋）也，如
> 地之無不（承）載也！其盛德蔑（無）以加於此矣。**觀**
> **止矣**！若有他樂，吾不敢〔再〕請已！」

2.〈孔子世家贊〉

> 太史公曰：《詩》有之：「高山仰止，景行行止。」雖
> 不能至，然心嚮往之。余讀孔氏書，想見其為人。適魯，
> 觀仲尼廟堂、車服、禮器；諸生（猶）以時習禮其家；
> 余低回留之，（久久）不能去云。天下君王至於賢人眾
> 矣，當時則榮，沒則已焉〔湮沒無聞〕。孔子布衣，傳
> 十餘世，學者宗之。自天子王侯，中國言六藝者折中於
> 夫子，可謂**至聖**〔先師〕矣！

3.〈太史公自序〉

太史公曰：自周公卒五百歲（年）而生孔子，孔子卒後
至於今五百歲（年），有能紹明世，正《易傳》，繼《春
秋》，本《詩》、《書》、《禮》、《樂》之際，意在
斯乎！意在斯乎！小子（我司馬遷）何敢（謙）讓焉。
孔子曰：「我欲載之空言，不如見知於行事之深切著明
也。」夫《春秋》，明三王〔夏禹、商湯、周文王〕之
道，善善惡惡，賢賢賤不肖，王道之大者也。《春秋》
撥亂世，反之正，萬物之散聚皆在《春秋》，故有國者
不可以不知《春秋》，為人臣者不可以不知《春秋》〔
二百四十二年史實編年紀事〕……太史公（我司馬遷）
退而深惟（思）曰：孔子作《春秋》，屈原著《離騷》、
左丘明有《國語》，孫子論《兵法》，呂不韋傳《呂覽》，
韓非〈說難〉、〈孤憤〉，此人皆意有所鬱結，不得通
其道也。（余）故述往事，思來者。於是述陶唐（堯帝）
以來，至於（今上，漢武帝）獲麟止，自黃帝始。〔按，
《史記》一百三十篇之第一篇，即〈五帝本紀〉。〕

4.李白〈春夜宴桃李園記〉

夫天地者，萬物之逆旅（客舍）；光陰者，百代之過客。
而浮生若夢，為歡幾何？古人秉燭夜遊，良有以也。況
陽春召我以煙景，大塊假我以文章。會桃李之芳園，序

天倫之樂事……開瓊筵以坐花，飛羽觴而醉月。不有佳作，何伸雅懷？如詩不成，罰依金谷〔西晉豪族石崇在金谷園宴客，作詩不成，罰三杯酒〕酒數。

5、劉禹錫〈陋室銘〉：

山不在高，有仙則名；水不在深，有龍則靈。斯是陋室，有吾德馨。苔痕上階綠，草色入窗青。談笑有鴻儒，往來無白丁。可以調素琴，閱金經〔金泥色經書〕。無絲竹之亂耳，無案牘之勞形，南陽諸葛〔茅〕廬，西蜀〔揚雄〕子云〔草〕亭。孔子云：何陋之有？

按，此文短小精闢，簡要意趣，安貧樂道，進德修心。

6、李格非〈書《洛陽名園記》後〉

洛陽處天下之中，當秦、隴咽喉，趙、魏之走集〔必經要道〕，蓋四方必爭之地也。予故嘗曰：「洛陽之盛衰，天下治亂之〔徵〕候也。」唐貞觀、開元之間，公卿貴戚開館列第於東都（洛陽）者，號千有餘邸。及其亂離，繼以五代之〔殘〕酷，其池塘竹樹，兵車蹂踐〔躪〕，廢而為丘墟；高亭大榭，煙火焚燎，化而為灰燼，與唐共滅而俱亡，無餘處矣。予故嘗曰：園圃之興廢，洛陽盛衰之候也。則（余）《名園記》之作，豈徒然哉！嗚乎！公卿大夫方進於朝，放乎一己之私，自為之，而忘

天下之治忽（治亂），欲退（休）享此，得乎？

7.范仲淹〈嚴先生祠堂記〉

先生，光武〔皇帝劉秀〕之故人也，相尚以道。及帝握〈赤符〉〔稱帝〕，乘六龍〔天子車駕〕，惟先生以節高之。既而歸江湖，得聖人之清；惟光武以禮下〔士〕之。不事王侯，高尚其事，先生以之；以貴禮賤，大得民也，光武以之。蓋先生之心，出乎日月之上；光武之量，包乎天地之外。微〔沒有〕先生不能成光武之大，微光武豈能遂先生之高哉？是大有功於名教也。仲淹來守是邦，始構堂而祭焉；復爲奉祠事。又從而歌曰：**雲山蒼蒼，江水泱泱；先生之風，山高水長**。

8.范仲淹〈岳陽樓記〉

慶曆〔北宋仁宗年號〕四年春，滕子京（名宗諒）謫守巴陵郡。越明年，政通人和，百廢俱興，乃重修岳陽樓，屬予作文以記之。予觀乎巴陵勝狀，在洞庭一湖，銜遠山，吞長江，浩浩蕩蕩，橫無際涯，朝暉夕陰，氣象萬千，此則岳陽樓之大觀也。……若夫霪雨霏霏，陰風怒號……滿目蕭然，感極而悲者矣。至若春和景明，波瀾不驚，上下天光，一碧萬頃，沙鷗翔集，錦鱗游泳，長煙一空，皓月千里，漁歌互答，此樂何極！登斯樓也，

則有心曠神怡，寵辱皆忘，把酒臨風，其**喜**洋洋者矣。嗟夫，予嘗求古仁人之心，或異二者（悲、喜）之為，何哉？不以物喜，不以己悲。居廟堂之高，則憂其民；處江湖之遠，則憂其君。是進亦憂，退亦憂。然則何時而樂耶？其必曰：**「先天下之憂而憂，後天下之樂而樂」**歟！噫！微斯人，吾誰與歸！

9.歐陽修〈醉翁亭記〉

環滁〔安徽滁州〕皆山也，其西南琅琊（山）也。水聲潺潺，釀泉也，有亭翼然臨於泉上者，醉翁亭也。名之者誰？太守自謂也。太守與客來飲於此，飲醉，而年又最高，故自號曰：「醉翁」也。**醉翁之意不在酒，在乎山水之間也。**山水之樂，得之心而寓之酒也。……朝而往，暮而歸，四時之景不同，而樂亦無窮也。……臨溪而漁，溪深而魚肥；釀泉為酒，泉香而酒洌。山肴野蔌（菜），雜然而前陳者，太守宴也。觥籌交錯，起坐而喧嘩者，眾賓歡也；蒼顏白髮，頹乎其中者，太守醉也。已而夕陽下山，人影散亂，太守歸而賓客從也。……醉能同其樂，醒能述以文者，太守也。太守謂誰？〔江西〕廬陵歐陽修也。

10.蘇軾〈潮州韓文公廟碑〉

匹夫而為百世師，一言而為天下法，是皆有以參天地之
化，關盛衰之運。其生也有自來，其逝也有所為。……
自東漢以來，道喪文弊，異端並起，歷唐貞觀、開元之
盛，輔以房、杜、姚、宋而不能救。獨韓文公起布衣，
天下靡然從公。**文起八代之衰，而道濟天下之溺**，此豈
非參天地、關盛衰，浩然而獨存者乎？始潮人未之學，
公命進士趙德為之師。自是，潮之士皆篤於文行，延及
齊民，至於今，號稱易治。信乎孔子之言：「君子學道
則愛人，小人學道則易使也。」〔北宋哲宗〕元祐五年，
卜地於州城之南〔修建新韓文公廟〕，期年而廟成。潮
人〔囑託我蘇軾〕請書其事於碑石，因作詩以遺〔贈送〕
之，使歌以祀公。

11.宋濂〈閱江樓記〉

金陵〔南京〕為帝王之州，自六朝迄於南唐，類皆偏據
一方，無以應山川之王氣。逮我皇帝〔明太祖朱元璋〕
定鼎於茲，始足以當之。京城之西北有獅子山，蜿蜒而
來；長江如虹貫，〔水〕蟠繞其下。（皇）上以其地雄
勝，詔建樓於巔，與民同遊觀之樂，遂錫〔賜〕嘉名為
「閱江樓」。登覽之頃，萬象森列，豈非天造地設，以
俟一統之君，而開千萬世之偉觀者？當風日清美，法駕
（天子車駕）幸臨，憑欄遙矚，悠然而動遐思。……此
朕櫛風沐雨，戰勝攻取所致；德綏威服，覃〔深延〕至

內外所及；拔諸水火，登於衽席者也。萬方之民，益思有以安之。斯樓之建，皇上所以發舒精神，因（景）物興感，無不寓其致治之思，奚止閱乎長江而已哉！……今南北一家，登斯樓而閱斯江者，當思聖德如天，蕩蕩難名，忠君報上之心，其有不油然而興耶？

三、《古文觀止》的評價與影響

《古文觀止》是為「正蒙養而禆後學」，且精心編選註釋，成為後代賞析學習的精典古文範本；包括中學、大學的國文教學，都有精選其傳頌千古的篇文，如屈原〈卜居〉，司馬遷〈報任少卿書〉，諸葛亮〈出師表〉，王羲之〈蘭亭集序〉，陶淵明〈桃花源記〉、〈歸去來辭〉，李白〈春夜宴桃李園記〉，劉禹錫〈陋室銘〉，韓愈〈師說〉，范仲淹〈岳陽樓記〉，蘇軾〈赤壁賦〉，王安石〈遊褒禪山記〉等，影響後世深遠廣大。茲舉此書對近現代三位文學作家的影響及其評語：

1.金克木（1912～2000，北京大學、武漢大學教授）說：

閱讀《古文觀止》可以欣悉文史哲理，通曉人間世故與人文精粹；它上自周代下迄明代的精選文篇合集，為開啟中華文史經典寶庫的鑰匙。

2.周樹人（魯迅，1881～1936，散文作家）說：

　　《古文觀止》與中華第一部文學「總集」《昭明文選》
　同等重要寶貴，不可忽視；在中華文學史上，其佔有相
　當分量與地位。

3、巴金（1904～2005，文學作家）評語鼓勵

　　《古文觀止》是學習文學創作的極佳範本材料，時常熟
　讀背誦其精典文法美辭佳句，自然也會寫作好的文章作
　品。

第十三章　《古今圖書集成》精要概編

一、《古今圖書集成》實際主編陳夢雷傳略

此書乃清聖祖康熙四十年至四十五年（1706），由皇三子胤祉（1677～1732）的侍講門客陳夢雷（1650～1741）所實際編集的大型「類書」，共有一萬卷。

陳夢雷，福建福州侯官人，康熙九年（1670）科舉考中進士，剛過二十歲，勤學富才華，官授翰林院編修。

康熙十二年（1673），他由京城回到家鄉福州，卻逢「三藩之亂」起事，福建藩王耿精忠隨附吳三桂反清。精忠召請省城福州文士前來顧問效命；於是，文人朝官、圖書文獻學者陳夢雷被逼迫要脅至耿陣營，但顧及雙親，托病入寺修養，並未屈從。

康熙二十年（1681），長達八年的「三藩之亂」終於平定；但夢雷竟被牽連誣告謀反有罪，欲判死；幸得其同年科考進士同窗暨翰林院編修同官，康熙帝近侍大臣徐乾學（1631～1694）的仗義執言與澄清營救，求情皇上免予死刑；唯仍與其妻被發

送關外瀋陽為奴，流放戍守。

康熙三十七年（1698），皇上向東北巡謁祖陵，夢雷趁機攔駕跪伏，面訴冤屈，所幸得蒙寬仁皇上接見，乃知其文才學識，諭令赦免，並召回京師，奉詔入殿陪侍一向勤學而廣納士人的皇三子胤祉，進講陪讀，很受禮遇，且賜第置園修書。

夢雷在知遇感恩之餘，發揮文史長才，勤奮編集初名《古今圖書彙編》；旋由皇三子進奏父皇，玄燁康熙（1654～1722）皇上閱後，極看重此部編集成書，特別更名賜之《古今圖書集成》。

皇上禮遇奇才，在皇三子陪侍下，親涖夢雷書房勉勵且親筆御賜「松高枝葉茂　鶴老羽毛新」。（按，夢雷大皇上四歲）。

隨即，夢雷就以「松鶴」兩字，作為書房「松鶴齋」名字；晚年更自號「松鶴老人」。（松鶴延年，長壽九十二歲。）

康熙六十一年（1722），皇上崩逝。皇四子胤禛繼位，明年改元雍正元年（1723）。

因在康熙帝晚年，皇太子、三子、四子、八子、十四子等，多年覬覦爭奪皇位。及四子雍正既已得位，就把三哥胤祉調出宮外，貶守先帝康熙陵寢景陵；同時，擔任皇三子的侍講門客夢雷，竟因皇子兄弟鬩牆舊怨，再度遭受牽連致罪，被新上任皇帝雍正貶謫流放至更荒遠冰凍的極遠邊陲卜魁（今黑龍江齊齊哈爾）；此年（1723），陳夢雷已是七十三歲的白髮垂垂老翁。悲乎，哀哉！

雍正皇帝又詔令禮部侍郎、後升戶部尚書的蔣廷錫（1669～1732）督領館臣刪訂《集成》，於雍正三年（1725）十二月，

修改完成，上表；旋在雍正四年九月，由皇帝賜序編印刊行。

　　雍正十三年（1735），皇帝崩逝；皇子弘曆嗣位，以明年為乾隆元年（1736），是為清高宗。

　　高宗乾隆六年（1741），陳夢雷逝世於極遠關外戍所，年九十二歲，不幸老死異鄉，蒙辜留憾！

　　雍正死時，夢雷仍活著；而且他會永遠活在後代人的心中，因他所實際編集的《古今圖書集成》，已成為中華史上的名著寶典。

二、《古今圖書集成》精要概編

　　此大套書編集目錄計有〔天〕曆象（**乾象**、歲功、曆法、庶徵）；方輿〔**地**〕（**坤輿**、職方、山川、邊裔）；〔**人**〕（皇極、宮闈、官常、家範、交誼、氏族、人事、閨媛）；〔**物**〕博物（藝術、神異、禽獸、草木）；理學〔**精神經史子集**〕（經籍、學行、文學、字〔**書法**〕學）；經濟〔**物資**〕（選舉、銓衡、食貨，禮儀、樂律、戎政、祥刑、考工）。合計六大彙編、三十二典，凡一萬卷。

　　書卷首冠有蔣廷錫〈上表〉、及雍正帝賜〈序文〉。

　　蔣廷錫〈上表〉略云：

　　　　奉敕〔皇上詔諭〕恭校聖祖仁皇帝《欽定古今圖書集成》
　　　　告竣，謹奉表上。聖祖所集成書，宏廣宇宙，無所不具；
　　　　是書列有六大彙編三十二典，合為萬卷。經史文詞咸囊

括於篇中，六合九州悉包籠於卷內。臣等承詔沐恩，仰遵聖訓，假三年之久，詳明刪定，奉表告成。無任瞻天仰聖，謹奉表隨進以聞。

隨即，皇帝御賜〈序文〉略謂：

欽惟我皇考聖祖仁皇帝聰明睿智又好古敏求，廣羅群籍，極圖書之大備。朕紹登大寶，思繼先志，重加編校，增刪審定。凡六大彙編三十二典，卷至一萬。是書靡所不賅，無所不究，集經史諸子百家之大成。敬藏石室，寶垂久遠。用序綴於篇首，以紀朕繼皇考之志，兢兢業業，罔〔不〕敢不欽丕訓云爾。 雍正四年九月。

《古今圖書集成》三十二典如下：

1.乾象典：天、地、陰陽五行、日、月、星辰、雲霞、虹霓、霜雪等。

2.歲功典：春，元旦、清明；夏，端午；秋，七夕、中元、中秋、重陽；冬，臘日、冬至、除夕等。

3.曆法典：儀象、漏刻、測量等。

4.庶徵典：日、月、風、雲、天變、水、火、旱疫、神怪、蝗災等。

5.坤輿典：建都、市肆等。

6.職方典：山川、河防、京畿、各省。

7.山川典：五嶽（岳）、（長）江、（黃）河、濟水、淮

水，秦淮河、洞庭、鄱陽、太湖、巢湖、西湖、昆明池等。

8.邊裔典：日、韓、吐番、天竺、西夏、吐魯番、安南、琉球、緬甸、呂宋、蒙古等。

9.皇極典：帝紀、登極、國號、君道等。

10.宮闈典：皇后、妃嬪、宮女，皇太后，太皇太后，公主，外戚等。

11.官常典：宗室，吏、戶、禮、兵、刑、工，藩司等。

12.家範典：父母、夫婦、子女、兄弟姊妹、宗族、妻戚等。

13.交誼典：師友、世誼、同學、僚屬，宴集、餞別等。

14.氏族典：單、複、三字、四字姓氏等。

15.人事典：名字稱號、年歲、身體，升降、行遊、生老病卒。

16.閨媛典：淑烈、孝義、藻飾。

17.藝術典：醫藥（把脈、眼、耳、鼻、喉、小兒、婦產科），農、漁、牧獵、堪輿、相術等。

18.神異典：太歲、文昌、神農、關公、佛菩薩、神仙、異人。

19.禽蟲典：禽鳥、走獸、魚、蟲。

20.草木典：稻禾蔬果，花葉、竹、草等。

21.經籍典：詩、書、三禮、易、春秋、論語、孟子；二十四史、通鑑，老、莊、墨子、韓非子；文選〔集部〕等。

22.學行典：求師、讀書、致知、學問、教學、修身、曠達恬退等。

23.文學典：賦、詩、詞、曲、雜文。

24.字學典：書法、文房四寶。

25.〔考〕選舉典：鄉舉里選，科舉（文舉）、武舉、及第吏員。

26.銓〔敘〕衡典：考課、祿制、遷降。

27.食貨典：農桑田制，柴、米、油、鹽、醬、醋、茶、酒肉等。

28.禮儀典：拜天祭地、婚冠、崇禮文廟、神農、先醫等。

29.樂律典：琴、瑟、管弦、鼓、歌舞。

30.戎政典：兵戎、戰車、軍馬、刀劍、弓矢、射彈、水攻、火攻等。

31.祥刑典：祥瑞吉辰，刑具（桎梏、枷具、笞杖），罪刑等。

32.考工典：土工、木工、石工、磚瓦、橋梁、宮殿、宅第林園、亭臺樓閣、水池花木等。[1]

清康熙年代，由陳夢雷所撰就編集的《古今圖書集成》，內容豐富，規模宏大，融匯經史子集百家，「經史文詞咸囊括於篇中，無所不賅不究」，貫穿「古今」，為古往今來「圖書」之「集大成」者也。

三、《古今圖書集成》的評價與讚譽

《古今圖書集成》徵引群書，取材宏富，經史子集無所不

---

1 楊家駱主編，《古今圖書集成》，鼎文書局，民國六十六年（1977）。

括，為古今圖書之集大成者也；因此，得到很高的評價與讚譽：

　　1.張廷玉（1672～1755，安徽桐城人，大學士暨軍機大臣，經歷康雍乾三朝大臣。）[2]讚揚說：「自有書契以來，以一書貫串古今，包羅萬象，未有如我（清）朝之《古今圖書集成》者。」

　　2.英國著名漢學家翟理斯（H.A.Giles，1845～1935，英國駐華前領事外交官，劍橋大學漢學教授，著有《中國文學史》等。）推崇：「古今圖書集成與大英百科全書，同樣值得稱道讚美，《集成》是一部很重要而受用的參考書。」[3]

2　《清史稿‧張廷玉傳》
3　戚志芬，《中國的類書政書與叢書》，頁83。

第十四章　鄭板橋詩詞文章精要概編

一、鄭板橋傳略年譜

　　鄭板橋（1693～1765），原名燮，後號板橋；清初（江蘇）揚州府興化縣東門外之板橋人；生於康熙三十二年（1693）。

　　板橋出生這年，高鳳翰（1683～1749，字西園，號南村）十一歲；邊壽民（1684～1752，號葦間居士）十歲；汪士慎（字近人，1686～1759）八歲；李鱓（號復堂，1686～1762）八歲；金農（字壽門，號冬心，1687～1763）七歲，黃慎（1687～1770）七歲；高翔（字鳳岡，號西塘，1688～1753）六歲；與板橋等合為八位。後或有加減易之華嵒（號新羅山人，1682～1756），李方膺（號晴江，1695～1755），閔貞（1730～？），羅聘（字遯夫，1733～1799）等畫風相近，同氣相應，詩酒酬唱，密切往來，題贈書函，活動頻繁，而插旗出名於揚州地區畫派。之後依各人喜好偏愛，而取其中八位，稱名為「揚州（畫派）八怪」。類似於東漢末季「建安七子」，魏晉「竹林七賢」，北宋「蘇門四學士、六君子」，明代「蘇州畫派四大家」，明前、

後七子，「唐宋八大家」等所稱名派風。

近現代著名繪畫家、繪畫教育評論家俞劍華教授（1895～1979，師從名畫家陳師曾，與大畫家黃賓虹、張大千等組成「爛漫畫社」），於其著名大作《中國繪畫史》評說得最為中肯妥切：

> 按揚州八怪之名不甚一律……雖有八怪之名，而其實人數不止於八人，並無固定（八位）之人名，後人遂不免稍有出入，今列其同〔為大多數行家認同〕者於前，而列其異者於後；以其人均為當時之名家，而其畫亦足以當怪之名而無愧也。[1]

板橋四歲喪母，由乳母費氏撫養。及乾隆二年（1737），板橋四十五歲，乳母以無疾卒，壽七十有六；板橋作〈乳母詩並序〉，感恩長念於心。

康熙五十五年（1716），板橋二十四歲，中秀才。此年，袁枚出生。

康熙六十一年（1722），板橋三十歲，父卒。

雍正元年（1723），因父亡故，家庭經濟生活陷入困境，乃於揚州賣畫維生。

雍正十年（1732），赴省城南京參加科舉鄉（省）試，科中**舉人**。

---

1 俞劍華，《中國繪畫史》，頁 226。商務，民國二十六年初版，八十年，臺十版。

乾隆元年（1736），板橋四十四歲，先參加京城（北京）禮部會試，通過，成為貢士；旋又參加皇宮太和殿試，科中第二甲第八十八名**進士**。〔按科舉金榜題名，分一甲只三人：狀元（狀頭）、榜眼、探花；二甲、三甲各若干人，不拘。〕

至此，乃有〈板橋自敘〉所云：「板橋康熙秀才，雍正舉人，乾隆進士」之自豪自喜名句。

板橋中進士後，光宗耀里回到家鄉揚州興化；復回北京「候官補缺」；此時期，與「兩淮（淮南、淮北）鹽運使」盧見曾（雅雨山人）等文士名流咸集，而極一時文酒之盛況。又在京城，備受慎郡王允禧（康熙第二十一子，原名胤禧，工詩畫，號「紫瓊崖主人」；1711～1758，雍正弟，乾隆叔父）之禮遇招待。

乾隆七年（1742），朝廷開缺選派為范縣（山東最西南、河南最東北之邊界偏僻小縣）縣令；板橋此年五十歲，行前，拜辭慎郡王允禧，作〈將之范縣拜辭紫瓊崖主人〉。

八年（1743），板橋五十一歲，作〈道情（小唱）十首，刻印刊行。

十一年（1746），五十四歲，自范縣調升山東中部的大縣濰縣（今濰坊市）。在范縣縣令任上，前後約五年。

十三年（1748），板橋五十六歲，乾隆帝自北京向東南巡幸，封禪泰山及巡閱山東曲阜孔廟行禮。板橋以書畫文士暨當時山東縣令，被委派為書畫史，治頓所，臥泰山絕頂四十餘日。板橋後刻有「乾隆東封書畫史」印章，引為自豪。

十四年（1749），編定《詩鈔》、《詞鈔》。

　　十八年（1753），板橋六十一歲；對官場貪官污吏與不肖奸商同流合污之「官商勾結」，心生不滿，早有歸田隱逸之意。此年，因天災請賑，忤違在上者大吏，遂罷官歸去；作「予告歸里，畫竹別濰縣紳士民」。去官歸隱之日，百姓遮道痛哭淚別；前後擔任濰縣縣令約有七年。

　　回到揚州，與親友宴席敘舊；席上，好友李嘯村贈板橋聯對：「**三絕詩書畫，一官歸去來。**」後人引為名聯佳句。

　　二十四年（1759），板橋六十七歲，以不勝眾人多方索取書畫，乃聽從友人拙公和尚建議，自訂書畫「潤格」（潤筆費），張貼價碼名目。

　　二十五年（1760），板橋六十八歲，撰寫著名的〈板橋自敘〉，為研究其個人寶貴史料。

　　二十八年（1763），板橋七十一歲，於三月三日「上巳日」，應「兩淮鹽運史」盧見曾（雅雨）之邀，與金農（冬心）等文人雅集揚州紅橋賞遊；並與袁枚（字子才、號隨園，1716～1797，歷官江寧〔南京〕等地知縣）首次見面相晤於盧雅雨所設宴席上。而此次雅集過後不久，金農竟於本年仙逝，享年七十七歲。

　　乾隆三十年（1765）十二月十二日，板橋以年老病卒，享壽七十三歲，歸葬家鄉興化縣。[2]

　　《清史稿‧文苑‧鄭燮列傳》略云：

---

2 鄭板橋年譜，敬請參閱王建生，《（增訂本）鄭板橋研究》〈鄭板橋年表〉；卞孝萱、卞岐，《鄭板橋全集（增補本）》，〈鄭燮簡譜〉；鍾隆榮，《鄭板橋的詩書畫》，〈鄭板橋年譜〉。

鄭燮，江蘇興化人。乾隆元年進士，官山東范縣知縣，調濰縣；以請賑忤大吏，乞疾歸。性格落拓不羈，喜與禪宗尊宿游。日放言高談，以是得狂名。及居官，有循吏之目。善詩，工書畫。詩言情述事，惻惻動人，不拘體格，興至則成。所繪蘭竹石精妙，人爭寶之；詞尤擅勝場。晚年歸老躬耕，時往來郡城，詩酒唱和；著有《板橋詩鈔》。

他在〈板橋自敘〉一文又說：

板橋讀書，自憤激，自豎立，不苟同俗，以自暢其性情才力。平生不治經學，愛讀史書以及詩文詞集；板橋詩文，自出己意，理必歸於聖賢，文必切於日用。

二、板橋詩詞文章精要簡編

板橋「善詩，詞尤擅勝場」；「愛讀詩文詞集，詩文自出己意。」於是，謹自《鄭板橋全集》中，擇其精要簡編於下。

《板橋自敘》既云：「又以餘暇作為蘭竹，凡王公大人、卿士大夫……得其一片紙，隻字書，皆珍惜藏庋。」及《清史稿・鄭燮列傳》又謂：「所繪蘭竹石亦精妙，人爭寶之。」

是故，板橋題畫竹蘭（石）之詩最多。

1.一兩三枝竹竿，四五六片竹葉；自然淡淡疏疏，何必重重疊疊。（押世韻）

2.一竹一蘭一石，有節有香有骨。滿堂君子之人，四時清風拂拂。（押ㄨ韻）

3.四時花草最無窮，時到芬芳便過空。唯有山中蘭與竹，經春歷夏又秋冬。（ㄥ韻）

4.四時不謝之蘭，百節長青之竹，萬古不移之石，千秋不變之人，寫三物與大君子為四美也。

5.疏疏密密復亭亭，小院幽篁一片青。最是晚風藤榻上，滿身涼露一天星。（ㄥ韻）

6.〈予告歸里，畫竹別濰縣紳士民〉：

烏紗擲去不為官，囊橐〔口袋〕蕭蕭兩袖寒。寫取一枝清瘦竹，〔來年〕秋風江上作漁竿。（ㄢ韻）

7.〈初返揚州畫竹第一幅〉：

二十年前載酒瓶，春風倚醉竹西亭。而今再種揚州竹，依舊淮南一片青。（押ㄥ韻）

再者，既為文人畫家，詩作難免於品茶之時，繪入山水風景：

8.汲來江水烹新茗，買盡青山當畫屏。（押ㄥ韻）

9.楚尾吳頭，一片青山入座；淮南江北，半潭秋水烹茶。

以上 8、9 茗茶對聯，為江蘇揚州正隔長江對岸鎮江焦山之佛庵對聯。

10.乾隆二年，四十五歲作〈乳母詩並序〉：乳母費氏，先祖母之侍婢也。燮四歲失母，育於費氏。每晨起，負燮入市中，以一錢市一餅置燮手。數年，費益不支，竟（離）去矣，燮晨入其室，空空然。唯有飯一篋，菜一盂，猶溫，即常所飼燮者

也。爨痛哭，竟不能食矣。後三年，復來歸侍太孺人（祖母），撫爨倍摯；卒年七十有六。初，爨成進士，乃喜。後以無疾終。

平生所負恩，不獨一乳母；長恨富貴遲，遂令慚惡（愧）久。黃泉路迂闊，白髮人老醜。食祿千萬鍾，不如餅在手。

11.乾隆八年，五十一歲，作〈道情（小唱）十首〉並序：

楓葉蘆花並客舟。煙波江上使人愁。勸君更盡一杯酒。昨日少年今白頭。我如今譜曲《道情十首》，每到山青水綠之處，聊以自遣自歌。

其第一首〈老漁翁〉，描寫漁夫垂釣，怡然自樂情景，最為有名：

老漁翁，一釣竿。靠山涯，傍水灣。扁舟來往無牽絆。沙鷗點點輕〔清〕波遠，荻港蕭蕭白晝寒。高歌一曲斜陽晚。一霎〔剎〕時波搖金影，驀抬頭月上東山。（押弓韻）

12.乾隆二十四年，年六十七歲，作〈板橋筆榜〉，即明訂題作書畫尺寸價碼

大幅六兩。中幅四兩。小幅二兩。書條、對聯一兩。扇子、斗方五錢。

凡送禮物、食物，總不如白銀為妙，公之所送，未必弟之所好也。送現銀，則中心喜樂，書畫皆佳。禮物既屬糾纏，賒

欠尤為賴賬。年老神倦，亦不能陪諸君子作無益語言也。任渠話舊論交接，只當秋風過耳邊。拙公和尚屬書謝客。板橋鄭燮。

13、乾隆二十五年，板橋六十八歲，作〈板橋自敘〉：

> 板橋居士，姓鄭，名燮，揚州興化人。板橋讀書能自刻苦，自憤激，自豎立，不苟同俗，以自暢其性情才力。平生不治經學，愛讀史書以及詩文詞集。……乾隆十三年，燮為書畫史，治頓所，臥泰山絕頂四十餘日，亦足豪矣。所刻《詩鈔》、《詞鈔》、《道情十首》行於世。善書法，又以餘閒作為蘭竹，凡王公大人、卿士大夫……皆珍惜藏庋〔收〕。……板橋康熙**秀才**，雍正壬子**舉人**，乾隆丙辰**進士**。初為范縣令，繼調濰縣。板橋詩文，自出己意，理必歸於聖賢，文必切於日用。

三、鄭板橋詩詞文章評價讚譽

板橋詩詞工妙，曠世獨立，文章亦宏麗別致，務如其心意之所欲出，自成一家；海內爭重，皇族慎郡王極禮遇之；著有《板橋詩鈔》、《板橋詞鈔》等，後人遂有高評價與多讚譽。

1.《清史稿‧文苑鄭燮傳》

> 善詩，詩言情述事，惻惻感人，不拘體格，興至則成，詞尤擅勝場，所為家書文章，忠厚懇摯。

2、劉大杰（1904～1977）《中國文學發達史》

　　板橋詩詞，天真浪漫；其文奔放自由，表現真實。

3、葉慶炳（1927～1993，台大中文系主任及所長）《中國文學史》

　　板橋的詩，造語平淡，不拘格套，內容頗多關懷社會寫實之作，為清代極重要詩人作家。

第十五章　《唐詩三百首》精要選編

《唐詩三百首》的編選人是清初的孫洙（蘅塘退士）。

一、孫洙傳略

孫洙（1711～1778）生於清初康熙五十年（1711），（江蘇）無錫人，別號「蘅塘退士」；乾隆四十三年（1778）卒，得年六十八歲。

他聰敏好學，乾隆九年（1744），科中舉人；十六年（1751）又高中進士。學優而仕，歷任北直隸順天府、山東等地知縣，廉潔愛民，有政聲。仕而優則又學，不改書生文人本色，老而彌堅，詩學師宗少陵（杜甫）。夫人徐蘭英亦工詩，得其協助，商榷精選，於乾隆二十八年（1763），編輯完成《唐詩三百首》一書刊行，陶冶性情，雅俗並賞而風行海內外至於今。卷首有「題辭」略云：

　　因專就唐詩中膾炙人口之作，擇其尤要者，共三百餘首，

錄成一編，為家塾課本，俾童而習之，白首亦莫能廢。
諺云：「熟讀《唐詩三百首》，不會吟詩也會吟。」請
以是編驗之。時乾隆癸未年春日蘅塘退士題。

按，「三百首」乃以整數言，其實原刻本為三百一十首；
而古代《詩經》三百零五篇，若再加上「有目無詩」的六篇，
合為三百一十一篇；或謂蓋有意依仿相若也。

二、《唐詩三百首》精要彙編

唐代文學發達，其中又以詩為最，被稱譽為中華詩文最鼎
盛的黃金朝代。

吾人今已習慣把唐詩分為初唐、盛唐、中唐、晚唐四個分
段時期。

最早如此分期的，為南宋嚴羽（《宋史》無立其傳，自號
滄浪；約生於南宋寧宗而卒於理宗時代）的著名詩作《滄浪詩
話》。

他對中華詩史的分期，於唐代就「時」與「人」而論「詩
體」，分為初唐（沈佺期、宋之問，陳子昂，王勃、楊炯、盧
照鄰、駱賓王等）；盛唐（張九齡、李白、杜甫、孟浩然、王
維等）；中唐（柳宗元、孟郊、韋應物、元稹、白居易等）；
晚唐（李商隱、杜牧等）。[1]

---

1 嚴羽，《滄浪詩話》，〈詩體〉；參見《文淵閣四庫全書》第 1480 冊，
   頁 812-813。

元代文人楊士弘，愛好「唐詩」，選編有《唐音》詩選。

他把唐初四家王、楊、盧、駱的詩，稱為「（初）唐詩始音」；大約自唐太宗貞觀元年（西元 627）起至玄宗元寶十五載（756）為「盛唐」詩期；從肅宗李亨（玄宗子）至憲宗元和年代（即 756～820 年）為「中唐」詩期；再由穆宗李恒（憲宗子）至唐朝（哀帝）滅亡，即 820～907 年，為「晚唐」詩期。[2]

及明代的**高棟**（1351～1423），於其著作《唐詩品彙》，更加明確地分期唐詩為初唐、盛唐、中唐、晚唐四個時期，而這分期用法也漸為後人援引至今。所以，《文淵閣四庫全書》就說：

明人高棟所編《唐詩品彙‧總敘》：「有唐近三百年詩……有初唐、盛唐、中唐、晚唐之分（期）。」[3]

《唐詩三百首》全書收錄有七十七位詩人名篇；經過吾人點算統計，篇數有十首（含）以上者有八位：

（一）杜甫（712～770），字子美，凡三十九首之多，被尊稱「**詩聖**」；影響後代詩人，極深遠廣大；嚴羽《滄浪詩話‧詩辨》有云：「詩之極致有一曰：「入神」；詩而入神，至矣，盡矣，蔑（無）以加矣！惟李、杜得之；他人得之蓋寡也。」

（二）李白（701～762），字太白；好遊俠、神仙、飲酒，

個性狂放不拘，時人稱「天上謫仙」，後世尊稱「**詩仙**」。《唐詩三百首》內錄三十四首。

（三）王維（701～761），字摩詰，蘇東坡推讚其「詩中有畫，畫中有詩」。他是玄宗開元九年（721）的進士科第一名「狀頭」（後代稱狀元），官終「尚書右丞」，故世稱「王右丞」。他三十歲喪妻後，就不再娶。無子。「中歲頗好道」，長年茹素，參禪信佛，故又被稱頌為「詩佛」。存錄有二十九首。

（四）李商隱（813～858），字義山，號玉谿生、樊南生。錄二十四首。

（五）孟浩然（689～740），（湖北）襄陽人，世稱「孟襄陽」。錄十五首。

（六）韋應物（737～792），曾官「蘇州刺史」，世稱「韋蘇州」，錄十二首。

（七）劉長卿（709～780），曾官「隨州刺史」，世稱「劉隨州」，錄十一首。

（八）杜牧（803～852），字牧之，號樊川。其祖父杜佑（735～812），當過唐德宗宰相，為有名政書《通典》作者。為有別於杜甫「大杜」，時人稱杜牧為「小杜」。《唐詩三百首》書中，錄有十首。

以上，在《唐詩三百首》書內，收錄最、較多篇數者，就合有一百七十四首，約佔 56%，超過大半之多。

其餘，極著名詩人暨其存錄篇數，還有：

（九）王昌齡（698～756），存錄八首。

（十）白居易（772～846），字樂天，號「香山居士」，又號「醉吟先生」；歷官江州司馬，杭州、蘇州刺史。存錄六首。

（十一）張九齡（678～740），（廣東）曲江人，世稱「張曲江」，當過唐玄宗時宰相。存錄五首。

（十二）柳宗元（773～819），字子厚，河東（今山西永濟）人，存錄五首。

（十三）崔顥（704～752），存錄四首。

（十四）元稹（779～831），與白居易齊名，世稱「元白」，存錄四首。

（十五）、劉禹錫（772～842），字夢得，與柳宗元同年登榜進士，相友善。存錄四首。

（十六）、王之渙（688～742），與王昌齡常賦詩唱和。存錄兩首。

（十七）、孟郊（751～814），字東野。存錄兩首。

而在《唐詩三百首》書內，僅僅存錄一首者，竟有三十九位之多，也佔七十七位詩家的一半。然則，其中的陳子昂（661～702），賀知章（659～744，與李白相友善，將之推薦給玄宗），王翰（687～726），張繼（玄宗天寶十二載〔753〕進士，生卒年不詳），杜秋娘（生卒年不詳，推估生年約791，卒年約在835之後。）等五位著名詩人，雖於《唐詩三百首》書內，僅錄有一首；可是，卻因這一首詩而流傳千古，留名於後世。

此即宋人胡仔（1110～1170）於其名著《苕溪漁隱叢話·

後集》卷二所云：

> 古今詩人，以詩名世者，或只一篇，然播送於後世，膾
> 炙於人口者，終不出此矣，豈在多哉？

以下，謹摘錄上述著名詩家之「膾炙於人口，播送於後世」
之名篇，概介彙編於後。

（一）杜　甫

1.〈贈衛八處士〉

人生不相見，動如參〔星〕與商〔星〕。今夕復何夕？共
此燈燭光。少壯能幾時？鬢髮各已蒼。……昔別君未婚，兒女
忽成行。……。（押尢韻）

2.〈月夜憶舍弟〉

戍鼓斷人行。秋邊一雁聲。露從今夜白，月是故鄉明。……。
（ㄥ韻）

3.〈蜀相〉

……三顧頻煩天下計，兩朝開濟老臣心。出師未捷身先死，
長使英雄淚滿襟。（ㄣ韻）

4.〈客至〉

舍南舍北皆春水，但見群鷗日日來。花徑不曾緣客掃，蓬
門今始為君開。……。（ㄞ韻）

（二）李　白

1.〈宣州謝朓樓餞別校書叔雲〉.

棄我去者，昨日之日不可留。亂我心者，今日之日多煩
憂。……抽刀斷水水更流。舉杯銷愁愁更愁。人生在世
不稱意，明朝散髮弄扁舟。（尤韻）

2.〈將進酒〉.

……人生得意須盡歡，莫使金樽空對月，天生我材必有
用，千金散盡還復來……將進酒，杯莫停。與君歌一曲，
請君為我傾耳聽。但願長醉不願醒。古來聖賢皆寂寞，
惟有飲者留其名。……。

3.〈登金陵鳳凰臺〉

鳳凰臺上鳳凰遊。鳳去臺空江自流。……總為浮雲能蔽
日，長安不見使人愁。（尤韻）

4、〈夜思〉

床前明月光。疑是地上霜。舉頭望明月，低頭思故鄉。
（尤韻）

5.〈玉階怨〉

玉階生白露，夜久侵羅襪；卻下水晶簾，玲瓏望秋月。

6.〈送孟浩然之廣陵〉

故人西辭黃鶴樓。煙花三月下揚州。孤帆遠影碧空盡，惟見長江天際流。（又韻）

7.〈朝發白帝城〉

朝辭白帝彩雲間。千里江陵一日還。兩岸猿聲啼不住，輕舟已過萬重山。（ㄢ韻）

（三）王　維

1.〈山居秋暝〉

空山新雨後，天氣晚來秋。明月松間照，清泉石上流。⋯⋯。

2.〈終南別業〉：

中歲頗好道，晚家南山陲；興來每獨往，勝事空自知；行到水窮處，坐看雲起時；偶然值林叟，談笑無還期。

3.〈鹿柴〉：

空山不見人，但聞人語響。返景入深林，復照青苔上。

4.〈竹里館〉：

獨坐幽篁裡，彈琴復長嘯。深林人不知，明月來相照。

5.〈相思〉：

紅豆生南國，春來發幾枝，願君多採擷，此物最相思。

6.〈雜詩〉：

君自故鄉來，應知故鄉事，來日綺窗前，寒梅著花未？

7.〈九月九日憶山東兄弟〉：

獨在異鄉為異客，每逢佳節倍思親。遙知兄弟登高處，遍插茱萸少一人。

8.〈渭城曲〉：

渭城朝雨浥輕塵。客舍青青柳色新。勸君更盡一杯酒，西山陽關無故人。（ㄣ韻）

（四）李商隱

1.〈錦瑟〉

錦瑟無端五十弦。一弦一柱思華年。……此情可待成追憶，只是當時已惘然。（ㄢ韻）

2.〈無題〉

相見時難別亦難。東風無力百花殘。春蠶到死絲方盡，蠟炬成灰淚始乾。（ㄢ韻）

3.〈登樂遊園〉

向晚意不適，驅車登古原；夕陽無限好，只是近黃昏。

4.〈夜雨寄北〉：

君問歸期未有期，巴山夜雨漲秋池；何當共剪西窗燭，卻話巴山夜雨時。

（五）孟浩然

1.〈與諸子登峴山〉

人事有代謝，往來成古今。江山留勝跡，我輩復登

臨。……羊〔祐〕公碑字在，讀罷淚沾襟。

2.〈春曉〉

春眠不覺曉。處處聞啼鳥。夜來風雨聲，花落知多少？
（幺韻）

（六）韋應物

〈秋夜寄邱員外〉

懷君屬秋夜，散步詠涼天。空山松子落，幽人應未眠。

（七）劉長卿

〈送靈澈〉

蒼蒼竹林寺，杳杳〔悠遠〕鐘聲晚。荷笠帶斜陽，青山
獨歸遠。

（八）杜　牧

1.〈泊秦淮〉

煙籠寒水月籠沙。夜泊秦淮近酒家。商女不知亡國恨，
隔江猶唱〈後庭花〉。（Y韻）

2.〈遣懷〉

落魄江湖載酒行。楚腰纖細掌中輕。十年一覺揚州夢，
贏得青樓薄倖名。（ㄥ韻）

3.〈贈別〉

多情卻是總無情。唯覺樽前笑不成。蠟燭有心還惜別，
替人垂淚到天明。（ㄥ韻）

4.〈秋夕〉

銀燭秋光冷畫屏。輕羅小扇撲流螢。天階夜色涼如水，
坐看牽牛織女星。（ㄥ韻）

5.〈寄揚州韓綽判官〉

青山隱隱水迢迢。秋盡江南草未凋。二十四橋明月夜，
玉人〔韓綽〕何處教吹簫？（ㄠ韻）

再者，又摘取於《唐詩三百首》內，存錄有二至八首（無

九首者）之詩家名篇如下

（九）王昌齡

1.〈出塞〉

秦時明月漢時關。萬里長征人未還。但使龍城飛將〔李廣〕在，不教胡馬度陰山。（ㄢ韻）

2.〈閨怨〉

閨中少婦不知愁。春日凝妝上翠樓。忽見陌頭楊柳色，悔教夫婿覓封侯。（ㄡ韻）

（十）白居易

1.〈兄弟離散望月有感〉

時難年荒世業空。弟兄羈旅各西東。……共看明月應垂淚，一夜鄉心五處同。（ㄥ韻）

2.〈長恨歌〉

楊家有女初長成。天生麗質難自棄，一朝選在君王側，回眸一笑百媚生。……春宵苦短日高起，從此君王不早

朝，後宮佳麗三千人，三千寵愛在一身；漁陽鼙鼓動地
來，千乘萬騎西南行。六軍不發無奈何，宛轉蛾眉馬前
死，馬嵬坡下泥土中。……七月七日長生殿，夜半無人
私語時，在天願作比翼鳥，在地願為連理枝，天長地久
有時盡，此恨綿綿無絕期。

3.〈琵琶行〉

潯陽江頭夜送客……忽聞水上琵琶聲……千呼萬喚始
出來，猶抱琵琶伴遮面……同是天涯淪落人，相逢何必
曾相識……莫辭更坐彈一曲……滿座重聞皆掩泣，座中
泣下誰最多？江州司馬青衫濕。

（十一）張九齡

〈望月懷遠〉

海上生明月，天涯共此時；情人怨遙夜，竟夕起相思；
滅燭憐光滿，披衣覺露滋，不堪盈手贈，還寢夢佳期。

（十二）柳宗元

〈江雪〉

千山鳥飛絕。萬徑人蹤滅。孤舟蓑笠翁，獨釣寒江雪。

（世韻）

（十三）崔　顥

〈黃鶴樓〉

昔人已乘黃鶴去，此地空餘黃鶴樓。黃鶴一去不復返，
白雲千載空悠悠。晴川歷歷漢陽樹，芳草萋萋鸚鵡洲。
日暮鄉關何處是？煙波江上使人愁。（又韻）

宋・嚴羽《滄浪詩話・詩評》：「唐人七言律詩，當以崔
顥〈黃鶴樓〉為第一。

（十四）元　稹

〈行宮〉

寥落古行宮。宮花寂寞紅。白頭宮女在，閒坐說玄宗。
（ㄥ韻）

（十五）劉禹錫

〈烏衣巷〉：

朱雀橋邊野草花。烏衣巷口夕陽斜。舊時王謝堂前燕，

飛入尋常百姓家。（丫韻）

（十六）王之渙

〈登鸛雀樓〉

白日依山盡，黃河入海流。欲窮千里目，更上一層樓。
（又韻）

（十七）孟　郊

〈遊子吟〉：

慈母手中線，遊子身上衣；臨行密密縫，意恐遲遲歸。
誰言寸草心，報得三春暉？

以下五位著名詩人，在《唐詩三百首》書內，僅各存錄一
首詩，但為後人吟誦至今，流傳千年以上。

（十八）陳子昂

〈登幽州臺歌〉

前不見古人，後不見來者，念天地之悠悠，獨滄然而涕

下。

（十九）賀知章

〈回鄉偶書〉

少小離家老大回，鄉音無改鬢毛衰。兒童相見不相識，笑問客從何處來？

（二十）王　翰

〈涼州詞〉

葡萄美酒夜光杯。欲飲琵琶馬上催。醉臥沙場君莫笑，古來征戰幾人回？（ㄟ韻）

（二十一）張　繼

〈楓橋夜泊〉

月落烏啼霜滿天。江楓漁火對愁眠。姑蘇城外寒山寺，夜半鐘聲到客船。（ㄢ韻）

（二十二）杜秋娘

〈金縷衣〉

勸君莫惜金縷衣，勸君惜取少年時，花開堪折直須折，
莫待無花空折枝。

三、《唐詩三百首》好評美譽

1.朱自清《唐詩三百首指導大概》好評

朗吟詩句使人放鬆平靜，調適情感；也許短詩，卻是情
長意遠。《唐詩三百首》家戶弦誦，令人陶冶心情，培
養欣賞文學的興趣。

2.邱燮友教授《新譯唐詩三百首・導讀》美譽

吟誦《唐詩三百首》，可調冶性情，啟迪人生；使人流
連讚賞，讓世代學子傳誦不絕；它是一本優良讀物，名
著好書。

第十六章　《古文辭類纂》精要概編

姚鼐（姬傳）是《古文辭類纂》的編纂者。

一、姚鼐生平傳略

姚鼐（1731～1815），字姬傳，因其書齋名為「惜抱軒」，故學者尊稱「惜抱先生」。

他是安徽桐城（在安徽舊省城安慶與新省會合肥之間）人，乃師承劉大櫆（字才甫又字耕南，號海峰，1698～1779）、方苞（字靈皋，號望溪，1668～1749）之後的「桐城（文學）派」之集大成者。他的嫡傳弟子姚瑩（石甫，1785～1853）在〈惜抱先生行狀〉略云：

> 自康熙朝，方（苞）望溪侍郎以文章稱海內，上接震川〔歸有光〕，為文章正軌；劉（大櫆）海峰繼之，益振。方、劉皆桐城人也，故世言文章者，必稱「桐城」云。

姚鼐〈劉海峰先生八十壽序〉亦曰：「昔有方侍郎，今有

劉先生；天下文章，其出於桐城乎！」[1]

姚鼐在雍正九年（1731），生於桐城。二十歲，科中鄉（省）試，為舉人，有機會結識王文治、朱筠、程晉芳等文士官員，而互相切磋詩文。乾隆二十八年（1763），他三十二歲時，科中進士，授任庶吉士。

乾隆三十八年（1773），翰林院編修、安徽學政朱筠（1729～1781）進呈奏請收錄編書古籍，旋蒙皇上恩准。

同年，即開「四庫全書館」；姚鼐因文學造詣深，受朱筠、劉統勳（1700～1773，山東諸城高密人；進士，歷官尚書、大學士暨軍機大臣，劉墉之父）等人推薦，入館充任纂修官，與程晉芳、戴震等為同僚共事。

但姚鼐在館修《四庫全書》不到兩年，即辭官歸里。原因自謂「以疾請歸」，或云「因養親而辭」，但後人研析，蓋與總編纂紀昀（曉嵐，1724～1805）暨其好友戴震的學派對立，及學術看法（針對漢學與宋學）分歧而絕意歸隱，不再仕進。

後大半生，他先後在江蘇揚州、南京及家鄉安徽安慶、歙縣的著名書院傳授教誨與啟迪子弟為業。於是，弟子滿天下，遍佈大江南北，尤以世傳「姚門三大弟子」的方東樹（桐城人，1772～1851）、姚瑩（桐城人，姚鼐侄孫，1785～1853）、梅曾亮（1786～1856，江寧南京人，祖籍安徽宣城）為最著名。

嘉慶十五年（1810），姚鼐八十高壽那年，與著名詩人歷史學者趙翼（字耘松，號甌北，1727～1814，《二十二史箚記》

---

1 姚鼐，《惜抱軒文集》，卷八。

作者），榮獲皇上恩賜，重赴「鹿鳴宴」盛筵，詔加「四品」官銜。（趙翼則受賞賜三品官銜），引為終生最高榮譽。

嘉慶二十年（1815），姚鼐以八十五歲嵩齡，仙逝於江寧（南京）的書院，旋歸葬家鄉安徽。他一生著述很多，尤以《古文辭類纂》及《惜抱軒文集》，最為出名。

《清史稿‧文苑》〈姚鼐傳〉略云：

> 姚鼐，字姬傳，桐城人。乾隆二十八年進士，選庶吉士，得識知名文士。四庫館開，充纂修官，後乞養歸。鼐工古文，康熙間，侍郎**方苞**名重一時，同邑**劉大櫆**繼之，三人皆籍桐城，世傳以為「桐城派」。自告歸後，主講江南書院四十餘年，以誨迪後進為務。嘉慶十五年，重赴鹿鳴，加四品銜。二十年，卒，年八十有五。著有《惜抱軒文集》等。

二、《古文辭類纂》精要概編

《古文辭類纂》，選錄自戰國時代至清初文章，分為論辨類等十三類，凡七百篇。其中，「唐宋八大家」就選用三七三篇，超過半數以上；八大家又以韓愈（退之）、歐陽（永叔）、蘇軾（子瞻）為最、較多篇。

其文體分類，為後來之古文選編纂家所讚同遵從，如曾國藩的《經史百家雜鈔》等的分類，即追隨仿效。

《古文辭類纂》初稿完成乾隆四十四年（1779），唯其後

隨時有改定，至其仙逝為止。今傳之版本，以中華書局影印之《古文辭類纂評註》的王文濡評校本為最佳。

全書有姚鼐之《古文辭類纂序目》略云：

> 鼐少聞古文法於伯父及同鄉劉耕南（大櫆）先生……乾隆四十年，以疾請歸；劉先生年近八十，猶善談說，見則必論古文。後又兩年，余來揚州，少年或從問古文法。……於是編次為《古文辭類纂》，其類十三，曰：論辨、序跋、奏議、書說、贈序、詔令、傳狀、碑誌、雜記、箴銘、頌贊、辭賦、哀祭類……。乾隆四十四年秋七月，桐城姚鼐纂集序目。

茲自其十三類中，各精選一至四篇，概編介紹如下：

（一）論辨類：1、〈太史公（司馬）談論六家要旨〉，2、〈韓退之師說〉，3、〈歐陽永叔（修）朋黨論〉，4、〈蘇明允（洵）權書八·六國論〉。

按，此類 2、〈師說〉，3、〈朋黨論〉，4、〈蘇洵六國論〉，本書前已概介，茲不贅。此乃錄介

〈太史公談論六家要旨〉

> 夫陰陽、儒、墨、名、法、道德，此〔六家〕務為治者也。陰陽之術，使人拘而多所畏，然其序四時之大順。儒者「博而寡要，勞而少功」，然其序君臣父子之禮，夫婦長幼之別。墨者「儉而難遵」，然其強本節用。**法**

家「**嚴而少恩**」，然正君臣上下之分。名家使人儉而善失真，然正名實。道家採儒、墨之善，應物變化，「旨約易操，事少功多」。夫陰陽四時，春生夏長，秋收冬藏，此天道之大經。儒者以《六藝》爲法。墨者則尊卑無別，要曰人給家足。**法家**「不別親疏，不分貴賤」，一斷於法，則親親尊尊之恩絕矣；「**可以行一時之計，而不可長用也**」。名家「苛察，專決於名而失人情」。道家無爲無不爲，易行難知，以虛無爲本，因時爲業。

（二）序跋類：〈王介甫（安石）讀孔子世家〉，已在本書第九章《唐宋八大家》之王安石〈孔子世家議〉述及。

（三）奏議類：1、諸葛孔明〈出師表〉，已於本書第五章《昭明文選》概介；2、蘇子瞻〈教戰守冊〉，摘介如下：

夫當今生民之患，在於知安而不知危，能逸而不能勞，今不爲之計，其後將有所不可救也。昔者先王知天下雖平，唯不可忘戰。秋冬之際，致民講武，使其耳目習於鐘鼓旌旗之間而不亂，使其心志安而不懾。……開元、天寶之際，天下豈不大治？惟其民安於太平之樂，是以區區之（安）祿山一出，而四方之民，獸奔鳥散，天下分裂。蓋嘗試論，天下之勢，譬如一身，……農夫小民，盛夏力作，窮冬暴露，輕風霜而狃〔熟習〕風雨，是故寒暑不能爲之毒〔害〕。今王公貴人，養之太過，稍不如意，則寒暑入〔患〕之矣。故曰：天下之民，知安而

不知危，能逸而不能勞，此臣所謂大患也。如使平民皆習於兵，則固已破敵奸謀，而折其驕氣，利害之際，豈不亦甚明歟？

（四）書說類：1、司馬子長（遷）〈報任安書〉，本書第五章《昭明文選》已收錄。2、蘇子由（轍）〈上樞密韓（琦）太尉書〉，也已在第九章《唐宋八大家》有所摘錄，茲不再贅。

（五）贈序類：〈劉才甫（大櫆）送姚姬傳（鼐）南歸序〉

古之賢人，生而好學。姚君姬傳甫弱冠，而學已無所不窺。……余以經學應舉，至京師。聞姬傳已舉於鄉而來，讀其所為詩、賦、古文，殆欲壓餘輩而上之。姬傳之顯名當世，固可前知。昔王文成公（陽明）童子時，其父攜至京師，諸貴人見之，謂宜以第一流（策甲科顯官）自待，文成莞爾而笑：「第一流當為聖賢。」諸貴人皆大漸。今姬傳又深有志於古人之不朽，孟子曰：「人皆可以為堯舜。」夫立功，英雄豪傑之所為，而余以為抑其次也。姬傳試於禮部，不售而歸，遂書之以為姬傳贈。

（六）詔令類：〈漢武帝求賢（茂才異等）詔〉，亦在本書第五章《昭明文選》載錄過，不贅。

（七）、傳狀類：〈歸熙甫（有光）先妣事略〉：

先妣周孺人，弘治元年生。年十六，來歸；正德八年卒。

諸兒見家人泣，則隨之泣，然猶以為母寢也。孺人（娘家）世居吳家橋，孺人勞苦若不謀夕，室靡棄物，家無閒人。兒女大者攀衣，小者乳抱，戶內颯然。吳家橋歲致魚蟹餅餌，家中人聞吳家橋人至，皆喜。有光七歲入學，孺人中夜覺寢，促有光暗誦《孝經》，即熟讀，乃喜。孺人卒十二年，有光補學官弟子，十六年而有婦〔妻〕。期（一年）而抱女，撫愛之，益念孺人。中夜與其婦泣，追惟一二，彷彿如昨。世乃有無母之人！天乎，痛哉！

（八）、碑誌類：1.、〈韓退之（愈）柳子厚（宗元）墓誌銘〉，2、〈歐陽永叔（修）資政殿學士文正范公（仲淹）神道碑銘〉：

1、〈韓退之柳子厚墓誌銘〉

子厚，諱宗元。少精敏，無不通達。取進士第，嶄見頭角。授集賢殿正字，出入經史百子，名聲大振。授拜監察御史、禮部員外郎。遇用事者得罪，貶永州司馬。益自刻苦，為詞章，而自肆於山水間。又出為柳州刺史……衡、湘以南為進士者，皆以子厚為師。……卒死於窮裔，材不為世用，道不行於時也。子厚以元和十四年卒，年四十七；以十五年歸葬萬年先人墓側。其得歸葬，費皆出河東裴君行立。葬子厚於萬年者，舅弟盧遵。既往葬子厚，又將經略其家，庶幾有始終者。銘曰：是惟子厚

之室，既固既安，以利其嗣人。

2、〈歐陽永叔資政殿學士文正范公神道碑銘〉

　　公諱仲淹，字希文，世家蘇州。公生二歲而孤，母夫人貧無依，再適朱氏，既長，知其世家，感泣。〔真宗〕祥符八年舉進士，禮部選第一，歸迎其母以養。公少有大節，慨然有志於天下。常自誦曰：「士當先天下之憂而憂，後天下之樂而樂。」知睦州，又徙蘇州；知開封府，公治有聲。知饒知，徙潤州，又徙越州。西夏元昊反河西，（皇）上以公為陝西經略安撫副使，遷龍圖閣直學士。公為將，不急近功小利，墾營田。訓練齊整，公之所在，賊不敢犯。慶曆三年，召為樞密副使，旋為參知政事，又拜資政殿學士兼陝西四路安撫使。西夏人既已稱臣，公因以疾請鄧州，守三歲（年），求知杭州，又徙青州。公益病，至徐，遂不起，享年六十有四。方公之病，上賜藥存問。既薨，輟朝一日。贈以兵部尚書，所以哀恤甚厚。公終身非賓客食不重肉，妻子僅給衣食。其為政，民多樂道其行己臨事。……銘曰：存有顯榮，歿有贈諡；藏其子孫，寵及後世。

　　（九）雜記類：1、〈柳子厚（宗元）始得西山宴遊記〉，2、〈歐陽永叔（修）豐樂亭記〉，3、〈曾子固（鞏）墨池記〉，4、〈王介甫（安石）遊褒禪山記〉。按，此四篇雜記，已在

本書第九章《唐宋八大家》載錄，茲不贅。

（十）、箴銘類：崔子玉（瑗）〈座右銘〉，已選錄於本書第五章《昭明文選》。

（十一）、頌贊類：〈蘇子瞻（東坡）文與可飛白（書法）贊〉

> 與可，始予見其詩與文，又得見其行、草、篆、隸，以為止此矣。既沒（卒）一年，而復見其飛白〔書法〕，美哉多乎！……其工至於如此，而餘乃今知之。則余所不知者，蓋不可勝計也。嗚呼哀哉！

按，文同（1018～1079），字與可，北宋文人、書畫家，四川人，與蘇東坡是從表兄弟，善書法行、草、飛白諸書體，極受司馬光、蘇軾、米芾等稱賞敬重。

（十二）、辭賦類：1、屈原〈卜居〉、〈漁父〉，2、陶淵明〈歸去來辭〉，3、蘇子瞻〈前赤壁賦〉。已分別在本書第五章《昭明文選》，第四章《陶淵明詩文辭賦》，及第九章《唐宋八大家文章》，有摘錄介紹。

（十三）、哀祭類：〈蘇子瞻祭歐陽文忠公文〉

> 公之生於世，六十有六年。民有父母，國有蓍龜。斯文有傳，學者有師。君子有所恃而不恐，小人有所畏而不為。今公之沒也，赤子無所仰庇，朝廷無所稽疑，斯文化為異端，而學者至於用夷。其釋位而去也，天下莫不

冀其復用，至其請老而歸，莫不惆悵失望。昔我先君〔
蘇洵，老蘇〕，懷寶遁世，非公則莫能致。而不肖無狀
〔指東坡〕，因緣出入受教於門下者，十有六年於茲。
千里以寓一哀，蓋上以為天下慟，而下以哭其私。嗚呼
哀哉！

三、姚鼐暨《古文辭類纂》的評價稱譽

姚鼐精工古文，為「桐城（文學）派」之集大成者；因後
半生講學於江南江蘇與安徽的著名書院，後學弟子從問古文法，
為教誨啟迪後進，於是編次《古文辭類纂》，分類簡明精當；
而出名弟子滿天下，為世人所推崇；所以，評價高而稱譽也多。

1.《清史稿》總纂趙爾巽推讚

世言姚鼐品學兼備，為文高簡深古，師法劉大櫆及方苞，
世推稱為「桐城派」大家。

2、其高足弟子姚瑩讚譽

先生自少即未嘗廢學，有弟子來問，竭意引導，樂於汲
引後學才俊；古文在（劉）海峰出而大振，惜抱（姚鼐）
又繼起之，海內文士乃謂古文之盛在於桐城。

3.清初王爵昭槤（1776～1830）《嘯亭續錄》稱美

姬傳先生古文簡潔秀偉，一出方（苞）、劉（大櫆）正
軌，為近代所罕有，論者以其品望為桐城第一流。

4.曾國藩推崇：

姚姬傳善為古文辭，慕其鄉先輩方望溪（苞），而受法於
劉君大櫆等通儒碩望，其治文乃益精。或謂：天下之文章，其
在桐城乎！於是學者多歸向「桐城派」。

5.袁行霈（1936～，北大中文系教授）於其著作《中國文
學史》說：

姚鼐生活於「乾嘉盛世」，論道雍容；晚年授徒為業，
弟子遍及大江南北。他研治古文，眼界寬而體會深，成
就比其他文士作家要高。

第十七章　紀昀《四庫全書》精要概編

紀昀是名副其實的《四庫全書》首席總編纂。

一、紀昀生平傳略

紀昀（1724～1805），字曉嵐，又字春帆，北直隸獻縣（屬今河北）人。

他生於清雍正二年（1724）。乾隆十二年（1747），二十四歲時，參加直隸順天府鄉試，科中第一名（解元），為舉人。十九年（1754），先通過禮部會試，為貢士；旋再參加皇宮殿（御）試，科中第二甲第四名。[1]，選為翰林院庶吉士，又遷兵部侍郎。

依例三年後散館，授為翰林院「編修」。由於乾隆皇上極賞識其文學才華，遷任翰林院侍讀學士。

---

1 此年「狀元」莊培英榜，同年金榜題名而後來成為著名學者的，還有第一甲第二名「榜眼」王鳴盛，第二甲四十名的錢大昕，故被稱讚「名榜」。請參閱，《明清進士題名碑錄索引》，文史哲出版社。

　　乾隆三十八年（1773），開館「四庫全書局」修書，紀昀因學養豐富，才華橫溢，貫通經史百家，獲得劉統勳（1700～1773，進士，歷官侍郎、尚書、大學士兼軍機大臣；開館當年，充任《四庫全書》正總裁。）的大力支持與提拔，選任《四庫全書》總編纂。

　　約八年後之乾隆四十六年（1782）底，第一套《四庫全書》本編纂完成。旋即官運亨通，屢獲皇上拔擢；先後累官都察院左都御史、禮部尚書。嘉慶元年（1796），為兵部尚書，九年（1804），又被皇上擢升為協辦「大學士」；嘉慶十年（1805），加「太子少保」銜；不久，薨逝享高壽八十二歲，諡號「文達」，有《紀文達公文集》流傳於世。[2]

　　《清史稿·紀昀列傳》略云：

> 紀昀，字曉嵐，直隸獻縣人。乾隆十九年進士，為庶吉士，散館授編修。尋擢翰林院侍讀學士。三十八年，開「四庫全書館」，大學士劉統勳舉昀及陸錫熊為總纂，累遷兵部侍郎。《四庫全書》成，（皇）上命加遷左都御史、再遷禮部尚書。嘉慶元年，移兵部尚書；二年，復遷禮部尚書。十年，協辦大學士加太子少保。卒，賜白金五百，諡文達。昀學問淵通，撰《四庫全書提要》，得其要旨，蔚為巨觀。

2　（美）恒慕義（1884～1975），《清代名人傳略》，頁 216-221；西寧：青海人民出版社，1990。

二、《四庫全書》精要概編

　　《四庫全書》是乾隆時代紀曉嵐總編纂，集清代以前要籍之大成，而流傳至今的中華最大套的一部叢書，以《文淵閣四庫全書》而言，凡 1500 冊之多。

　　乾隆三十七年十一月，翰林院編修、安徽學政朱筠（1729～1781）進呈奏請皇廷收錄編纂古籍成書，旋蒙恩准。

　　三十八年（1773），開局設立「四庫全書館」，搜羅採輯，兼收並錄（最主要來源有三：內府已藏皇室書籍，《永樂大典》珍本，及各省督撫與私人藏書家依上諭所進奉。）至四十六年底及四十七年（1782）元月，初編裝訂為第一部。

　　「三十八年，開四庫全書館，紀昀為總纂」；「四十七年春正月，建盛京〔瀋陽故宮〕文溯閣，《四庫全書》成；二月，（皇）上旋御〔北京皇宮〕文淵閣，賜《四庫全書》總裁總編纂等官宴。」[3]

　　依照皇六子永瑢〈奉勒編纂四庫全書告成謹奉表上〉，可見悉《欽定四庫全書》歷任正總裁官有皇六子永瑢、皇八子永璇、皇十一子永瑆；大學士劉統勳、阿桂等。副總裁有劉墉（統勳之子）、王杰等。實際負責總纂官紀昀首席、陸錫熊，孫士毅。副總纂官陸費墀；編纂官朱筠、戴震、邵晉涵、姚鼐、翁方綱、尹壯圖、方維甸、王念孫等博通文史飽學之士。

　　之後，又續騰抄繕寫終成七部，分藏：（一）、北京「故

3　《清史稿》，〈紀昀列傳〉；〈高宗本紀五〉。

宮」文淵閣（1949年運來臺灣，即今士林外雙溪故宮博物院珍藏），（二）、北京「皇家別宮」圓明園文源閣，（三）、盛京「瀋陽故宮」文溯閣，及（四）、承德「皇帝行宮」避暑山莊文津閣（今藏北京圖書館）；此四部稱之「北（內廷）四部」。後因皇上南巡，而江南蘇、浙人才薈萃，文風發達，又諭令謄繕三部，分置：（五）、揚州文匯閣，（六）、鎮江文宗閣及（七）、杭州文瀾閣；此三部稱為「（江）南三部」。

　　《四庫全書》依仿唐貞觀年代《隋書‧經籍志》分類，分為經、史、子、集四部而珍藏於書庫，故得名。部之下，分類，類下又有屬。

　　經部：易、書、詩、禮、春秋、樂及四書、小學類。

　　史部：有正史、編年、紀事本末、傳紀、地理、政書、目錄、史評類等。

　　子部：儒、道、法、陰陽、釋、兵、農、醫、小說及雜家類等。

　　集部：楚辭、總集、別集、詩文、詞曲類等。[4]

　　唯上述七部《四庫全書》，因時移變亂而歷盡滄桑，現僅存文淵，文溯、文津、文瀾閣四部；尤以目前留存臺灣士林外雙溪的《文淵閣四庫全書》版本，為公認最完好而齊備者。其餘三部之鎮江文宗閣、揚州文匯閣；及圓明園文源閣，不幸燬於太平軍兵亂，與英、法聯軍及八國聯軍之戰火和擄掠搶奪。

　　皇家別宮圓明園遭受外人之縱火焚燒搶劫，使「文源閣」

---

4 劉師兆祐，《中國目錄學》，頁260-267，〈四庫全書〉編纂及分類。

庫藏珍本燬於一旦，成為百年憾恨！它曾凝聚花費許許多多飽學之士的心血與汗水；如今吾人看到原來優雅美觀之圓明園所留下的殘垣斷壁遺跡，不禁撫今思昔，油然追憶起「第一才子」紀曉嵐在文物上嘔心瀝血之曠世成就和功蹟。

又及民國六十八年（1979），臺灣商務印書館王雲五（岫廬）董事長，決意與故宮博物院合作影印全套 1500 冊大手筆的《文淵閣四庫全書》；之後，又由張連生總經理接棒，以約三年時間，完成此項神聖文化使命。

影印之初，時任士林外雙溪東吳大學校長**端木愷鑄秋先生**（1903～1987），經由當時東吳中文系主任劉兆祐教授的專業眼光呈報，即獲端木校長俞允樂意購置，以最優惠價格預購一部。之後，《文淵閣四庫全書》印好出齊，故宮呈送嚴家淦（靜波）前總統一部，他因與端木校長特有交情深誼，就轉送給東吳大學珍藏。所以，現今東吳大學總圖書館四樓參考室與五樓「嚴前總統暨端木前校長贈書專門收藏研究室」各有一套《文淵閣四庫全書》影印珍本。亦即，東吳大學應是全臺唯一擁有收藏兩部《四庫全書》的優越大學。[5]

由此可知見，端木愷校長暨劉兆祐系主任的高瞻遠矚，嘉惠後進學子；保存文化，令人由衷感佩。

---

5 劉兆祐，〈懷念端木愷先生〉，《端木鑄秋先生逝世週年紀念專輯》，頁50。

三、《文淵閣四庫全書》史部、集部要籍編冊

蕭統《昭明文選序》有言：「姬公（周公）、孔父（孔子）經書，與日月俱懸，豈可重以芟（刪）削、剪截！老、莊、孟子，蓋以立意（子學）為宗，不以能文為本；今之所撰，故以（省）略諸。」

鄭板橋在〈板橋自敘〉也說：「平生不治經學，愛讀史書以及詩文詞集。」

趙翼《廿二史箚記‧序》亦言：「余資性粗鈍，不能研究經學。惟歷代史書，事顯義淺，爰取為日課」。

筆者愚魯不敏，才學淺薄，於《四庫》經、子兩部，亦疏於涉獵；於是僅就 1500 冊《四庫全書》史書、文（集）要籍之編冊，略加指出標明冊數所在，以便利有興趣探研之同學及讀者尋就。

（一）史　部

1、正史（二十四史）在第 243～302 冊，其中，《史記》243～248 冊；《前漢書》249～251 冊。

2、《資治通鑑》在 304～312 冊。

3、《貞觀政要》編於 407 冊。

4、《徐霞客遊記》收在 593 冊（地理類）。

5、宋‧桑世昌《蘭亭考》（目錄類‧金石之屬）編於 682 冊。

（二）集　部

6、《陶淵明集》（別集類），在 1063 冊。

7、《（蘇）東坡全集》，收在 1107～1109 冊。

8、宋・嚴羽《滄浪集》，錄於 1179 冊。

9、《唐荊川（順之）集》，在 1276 冊。

10、唐・李善注，《梁・蕭統昭明文選》，收於 1329 冊。

11、明・高棅《唐詩品彙》，編在 1371 冊。

12、明・唐順之《文編》（唐宋古文只取八大家），錄於 1378～1379 冊。

13、明・茅坤《唐宋八大家文鈔》，在 1383～1384 冊。

14、宋・胡仔《苕溪漁隱叢話》及嚴羽《滄浪詩話》，在 1480 冊。

15、《六一詞》、《東坡詞》、《山谷詞》、《漱玉詞》（指歐陽修、蘇軾、黃庭堅、李清照之詞集），在詞曲類・詞集之屬，編錄於 1487 冊。

第十八章　趙翼《廿二史箚記》精要概編

趙翼（1727～1814）是史學名著《廿二史箚記》的作者。

一、趙翼生平傳略

趙翼，字耘（雲）松，號甌北，生於清雍正五年（1727），江南常州府陽湖縣（屬今江蘇武進）人。

趙翼先祖為趙匡胤皇廷宗室後代，近現代著名學人趙元任（1892～1982）教授，是趙翼的第六世孫。[1]

他從小資質聰穎好學，在父親所設書塾與孩童一起接受啟蒙教育。

乾隆十四年（1749），二十二歲時，前往京師，因有文名而受到劉統勳（1700～1773，累官至東閣大學士兼軍機大臣，子為劉墉石庵）的賞識青睞。隔年（1750），參加京城順天府鄉試，科中舉人第一名（解元）；之後，任職軍機處章京（官

---

1 杜維運，《趙翼傳》，〈自序〉，頁14與24；〈家世〉，頁3-5。

職名）。

乾隆二十六年（1761），參加朝廷殿士，劉統勳大學士等九位主考閱卷官（含剛率領西師凱旋歸來，不識漢字的滿人兆惠將軍）皆極讚賞其試卷，獨得九個圈（皇上特詔令官讀卷給兆惠而畫圈即可），全數通過推舉趙翼為第一名（狀元）。

此金榜一甲第三名（探花）原為王杰（1725～1805，號惺園，陝西韓城人。）唯皇上雖認同趙翼卷文自佳，但前兩名皆江浙人，而大清朝於陝西尚未有科中過狀元者；於是，乾隆帝將王杰卷子與趙翼卷排名互易；亦即，王杰變成狀元，趙翼屈置為探花。[2]

掄中探花，依例授趙翼為翰林院「編修」。乾隆三十一年，被外派遠赴極邊廣西鎮安府任知府；三十五年，遷調廣東廣州府知府；三十六年，又任為貴西兵備道。

乾隆三十八年（1773），他以老母年事已高，極需奉養陪侍，又唯恐繼續在外仕途而抱終天棄養憾恨；乃得奏呈同意，乞假回鄉故里，不再復出擔任官職。

唯後來應友人力邀，出任家鄉附近著名的揚州安定書院山長（院長）。

他與同時代的袁枚（1716～1797，字子才，號隨園）、蔣士銓（1725～1785，字心餘）齊名，皆工於詩，被推尊為乾隆時代三大詩人。

趙翼所交遊之至交好友，還有錢大昕（1728～1804，號竹

---

2 趙翼，《簷曝雜記・卷二》，（辛巳殿試）。杜維運，《趙翼傳》，頁51-52，〈艱難的一第〉。

汀，《二十二史考異》史學家），王鳴盛（1722～1797，號西莊，《十七史商榷》史學家），姚鼐（1731～1815，《古文辭類纂》作者，「桐城派」之集大成者），畢沅（1730～1797，號秋帆，《續資治通鑑》作者），汪由敦（1692～1758，協辦大學士），王杰（1725～1805，號惺園，東閣大學士），劉統勳暨子劉墉（1720～1804，號石庵，體仁閣大學士），朱筠（1729～1781，安徽、福建學政），翁方綱（1733～1818，內閣學士），尹繼善（1696～1771，歷官兩江總督、文華殿大學士），李侍堯（歷官總督、尚書、武英殿大學士），阿桂（1717～1797，歷官內閣學士、將軍）；又因趙翼長命八十八歲，晚年乃提攜晚輩後進孫星衍（1753～1818，字淵如，史學家）、洪亮吉（1746～1809，字稚存，號北江，文學家）。[3]

清嘉慶十五年（1810），趙翼重赴仁宗皇帝「鹿鳴宴」賞宴，榮獲欽賜「三品官銜」；十九年（1814），因年老仙逝，享有高壽八十八歲。[4]

《清史稿》與《清史》皆列有〈趙翼傳〉，謹綜閱合讀為其傳略：

> 趙翼，字耘松，陽湖人。乾隆十九年，由舉人用，入值軍機，大學士重之。二十六年，成進士，殿試原擬一甲第一〔狀元〕，王杰第三〔探花〕。高宗謂陝西自國（清）

---

3 王建生，《趙甌北研究》，第一章第二節，〈趙甌北交遊〉。杜維運，《趙翼傳》，頁 113，266。
4 參閱李學穎、曹光甫，校點《甌北集》；附錄一，〈甌北先生年譜〉。

朝以來，未有一甲一名及第者，遂拔杰而移翼第三，授
編修。出知鎮安府，尋調守廣州；後乞歸，不復出。以
著述自娛，尤邃史學，著《廿二史劄記》等。嘉慶十五
年，重宴「鹿鳴」，賜三品銜；卒，年八十八。同時袁
枚、蔣士銓與翼齊名；同里學人後於翼而知名者，有洪
亮吉、孫星衍等。

二、《廿二史劄記》精要概編

《廿二史劄記》共三十六卷，其中的《新舊唐書》與《五
代史》，皆兼有新、舊兩史書，故三十六卷全部內容，實涵括
二十四史也。

此書最大特色，是趙翼以其史學史才史識，採用排比與歸
納等方法來詮釋歷代史實及參互勘校而歸結評論古今政事治
亂興衰。

此書前有作者〈序〉，謹識於乾隆六十年（1795），是為
初稿；又有其至交好友錢大昕，及編校秘書李保泰兩位的序文，
皆記在嘉慶五年（1800），蓋乃修訂完稿本。

作者〈序〉略云：

> 閒居無事，翻書度日，而資性粗鈍，不能研究經學。惟
> 歷代史書，事顯而義淺，便於流覽，爰取為日課。有所
> 得，輒劄記，積久遂多。……此編多就正史紀傳表志，
> 參互勘校，至古今政事治亂興衰，亦隨所見附著。自惟

中歲歸田，承平優游林下，於文史以送老，書生之幸多矣。　陽湖趙翼謹識　乾隆六十年三月。

錢大昕〈序〉略謂：

甌北先生碩學淹貫，通達古今。中年以後歸養，優游山水間，以著書自樂。今春訪予，出近刻《廿二史劄記》三十有六卷見示。讀之，嘆其記誦之博，識見宏遠。……先生上下數千年，安危治忽之幾，持論斟酌時勢，於諸史審訂曲直，不揜〔遮掩〕其失，而亦樂道其長，此論古特識，顏師古以後未有能見及此者矣。　嘉慶五年六月　嘉定錢大昕序。

李保泰〈序〉又云：

陽湖趙甌北先生以經世之才，具冠古之識，甫中歲即乞養歸，優游林下，以著書為事，輯《廿二史劄記》三十六卷。方先生屬稿時，每得與聞緒論，及今始成。獲從編校，反覆讀之。嗟夫！先生援古證今，指陳貫串，斟酌時宜，折衷往昔，其所裨於斯世者不少。……爰承先生之督序，而謹述之如此。　嘉慶五年五月　後學李保泰拜書。

茲謹自《史記》至《明史》之二十二史（實為二十四史）

的三十六卷中，可見其「記誦之博，識見宏遠」，「援古證今，
指陳貫串」的「事顯義淺，而見古今政事治亂興衰」之卷數條
文，摘要編錄於下：

卷二〈（漢）武帝三大將皆由女寵〉

> **衛青**以后（衛子夫）同母弟見用為大將軍；**霍去病**以皇
> 后姊（衛少兒）見用為驃騎將軍；**李廣利**女弟得幸於帝，
> 為李夫人，帝用廣利為貳師將軍，伐大宛。而去病異母
> 弟（霍）光，入侍中，後輔政，為一代名臣；其皆由婦
> 而起。

卷四〈東漢諸帝多不永年〉

> 國家氣運隆盛時，人主大抵長壽（如劉秀光武帝）年六
> 十二〔六十四〕。唯明帝（劉莊）四十八，章帝三十三，
> 和帝二十七，殤帝二歲，安帝三十二，順帝三十，沖帝
> 三歲，質帝九，桓帝三十六，靈帝三十四，（廢）少帝
> 劉辯十七，為〔將軍〕董卓廢弒，獻帝〔則被曹丕（魏
> 文帝）代漢稱帝〕禪位。此諸帝人主多不永年。

卷六《三國志》書法

> 陳壽《三國志》修書在晉時，故於魏、晉革易處，多所
> 迴護。如《魏紀》書天子（獻帝）以公（曹操）為丞相、

魏公、魏王。其他體例，如曹、魏立有〈本紀〉，蜀、吳二主則但立傳，**以魏為正統**。《魏志》稱（曹）操曰「太祖」，曹丕受禪後稱「帝」；於蜀、吳二王則直書劉備、孫權。《魏書》不書劉備、孫權稱帝，以見正統之在魏。正統在魏，則晉之承魏為正統。此陳壽仕於晉，不得不尊晉也。然《吳志》孫權稱帝後猶書其名；《蜀志》則不書名，而稱先主、後主。陳壽曾仕蜀，故不忍書故主之名，以別於《吳志》之書權，此又陳壽不忘舊國之微意也。

卷十三〈太上皇帝〉：

「太上皇」本漢高祖有天下後，奉其父太公之稱，非太公有天下而傳於子。後以天下傳子而稱「太上皇帝」者，各史所載，共十四君，唯北朝諸君（五位）固無足道；其餘，記於左（下）：**唐高祖**為李世民貞觀之太上皇。**唐睿宗**（李旦）為玄宗（隆基）之太上皇。**唐玄宗**天寶十五載，安祿山反，帝避亂；太子因臣請即位，為肅宗（李亨），尊玄宗為太上皇帝。唐順宗即位，病喑（啞），立子李純為皇太子；後宦官逼順宗退位，擁太子為皇帝憲宗，稱順宗為太上皇。**宋徽宗**以金人之逼，詔皇太子嗣位，為欽宗，尊徽宗為太上皇。**南宋高宗**立皇太子趙瑋，降御札，可即位，為孝宗；高宗稱太上皇。**宋孝宗**淳熙十五年，詔令皇太子即位，為光宗，上孝宗尊號曰

至尊壽皇聖帝。宋光宗疾，立皇太子即位，是為寧宗，尊光宗為太上皇。**明英宗**土木之變，皇太后諭立皇長子朱見深為皇太子，英宗弟郕王代總朝政，後即帝位，為景帝，遙尊英宗為太上皇；及也先送英宗歸，被迎復位，復辟。以上皆歷代「太上皇」故事。惟我〔**大清**〕朝**高宗皇帝**，臨御六十年，享年八十有九，親傳寶位，今上（仁宗嘉慶）受禪，極誠尊養，兩宮授受，福德大備，真開闢以來所未見，豈不盛哉。

故由以上得知，正史二十四史之中，得稱「太上皇」最、較著名者，有唐高祖李淵（七十歲）；唐睿宗李旦，唐玄宗李隆基（七十八歲）；北宋徽宗趙佶（五十四歲），南宋高宗趙構（八十一歲）、孝宗；明英宗朱祁鎮；清乾隆帝（弘曆，八十九歲，中華史上最長壽之皇帝）。

卷十九〈（唐）玄宗五代一堂〉

肅宗〔711～762〕為太子時，生代宗〔726～779〕，為嫡皇孫，玄宗〔685～762〕大喜，顧〔高〕力士曰：「一日見三天子，樂哉！」順宗〔761～806〕生於肅宗上元二年，時玄宗尚為太上皇；是玄宗、肅宗、代宗、德宗〔742～805〕、順宗五代共一堂，則不惟一日見三天子，且一堂有五代天子也。

卷十九〈武后之〔殘〕忍〉

古來君主未有如唐武后（則天）之〔殘〕忍者也。初為昭儀，搤死**親生女**（女嬰），廢王后、蕭良娣，投酒甕中死。並竄（流放）長孫無忌、褚遂良至死。稱制後，欲立威以制天下，開告密之人，縱酷吏起大獄誅戮；甚至邱神勣、來俊臣為后出力（之酷吏）亦被殺，然此猶曰官僚，非戚屬。越王李貞、瑯玡王李沖起兵謀復李室，事敗被誅；然此猶曰〔夫家〕李氏宗室，非武族也。武后姊之女（侄女）為高宗私幸，封「魏國夫人」，后毒之死，又歸罪武惟良、惟運，殺之；然此猶曰異母兄侄。**若高宗暨武后親生子，李弘太子**請求蕭淑妃女出嫁，竟酖子死。立其弟**李賢為太子**，又以觸忌乃廢為庶人，流巴州，又遣人逼殺。又中宗〔武后三子〕之子李重潤，后**孫也**；女永泰公主，后**女孫也**，因私言張易之兄弟等出入宮中，恐有不利，后聞，咸令自殺；此因縱慾而殺親孫、孫女，天理滅矣！又薛懷義入侍床第，寵冠一時，愛之極矣，後竟以嫌惡，令其女太平公主埋伏有力者，縛殺之，載屍還白馬寺。此真千古未有之（殘）忍人也哉！

卷二十六〈繼世為相〉

宋有三世為相者：呂蒙正〔945～1011，狀元〕相太宗，其侄呂夷簡〔979～1044〕相仁宗；夷簡子呂公著〔1018～1089〕，相哲宗；傳贊世家之盛，古所未有。又，韓

琦〔1007～1075，榜眼〕歷相仁、英、神宗三帝；其子忠彥，徽宗時亦為相，不失父風。若呂氏奕世勳猷，輝映史冊，可謂極盛矣。

卷三十三〈明大臣久任者〉

明永樂以後數十年間，大臣多有久其位者：〔三楊〕楊士奇在內閣四十三年，楊榮三十七年，楊溥二十二年。六卿（六部）中，蹇義為吏部尚書三十四年，夏原吉為戶部尚書二十九年。諸臣福履康強，宿德重望。至嚴嵩為相二十一年，遂入〈奸臣傳〉，為千載唾罵。

卷三十五〈明代宦官〉

明代宦官之禍，至劉瑾、魏忠賢，不減東漢末造。初，明太祖著令內官不得與政事。永樂中，遣鄭和下西洋，京師又設東廠，宦官始更進用。英宗正統以後，無處無之（宦官）。稗史（野史）載：永樂中，差內宮到六部，途遇公侯，皆下馬旁立；今則呼喚部官如屬吏，公侯途遇內宮，回避之，且有叩頭跪拜者，可見明代後來宦官權勢之大。宦官擅權，自〔英宗時〕王振始，及〔憲宗時〕汪直擅權，附之者漸多。至〔武宗時〕劉瑾，賊害善類，流毒遍天下；迨〔熹宗天啟年間〕魏忠賢竊權，「五虎」、「五彪」、「十狗」、「十孩兒」、「四十

孫」群起附之，可成篡弒之禍矣！魏忠賢目不識丁，而禍更烈。天啟六年，浙撫潘如禎，始建魏宗賢生祠，諸方效尤，遂遍天下：南京、大同、虎邱、順天、通州、山西五臺山、山東、天津、開封、淮安、淮揚、武昌、陝西、南昌等地，每建一祠之費，剝民財，侵公帑。

卷三十六〈明太祖初以不嗜殺得天下〔稱帝〕〉：

明祖以布衣成帝業，初遇李善長，即以漢高祖（劉邦）大度，不嗜殺人為勸。既渡江，令李善長禁約榜文，入城即懸，兵毋敢犯；取鎮江，克城之日，民不知有兵。徐達、常遇春敗陳友諒兵，生獲三千人，遇春欲盡誅，徐達不可，帝急命釋之；諸將皆承順旨，以殺掠為戒。圍張士誠於平江〔蘇州〕，城將破，徐達約定遇春，兵入，禁殺掠。及徐達克元都〔北京〕，尤見威令之肅。蓋是時群雄並起，荼毒生靈，獨明祖以救天下為心，仁聲義聞，所至降附，省攻戰之力大半。至於其後〔洪武十三年與二十六年〕胡（惟庸）、藍（玉）之〔謀反〕案，則天下早已定，故肆其雄猜。

三、趙翼《廿二史劄記》評價稱譽

趙翼（甌北）飽讀詩書，博覽群籍；工於詩，有《甌北詩鈔》、《甌北詩話》著作；與袁枚（子才、隨園）、蔣士銓（心

餘）齊名，被尊稱「江左三大詩人」；又精於史學，其《廿二史劄記》與王鳴盛的《十七史商榷》、錢大昕的《二十二史考異》，被讚賞為清乾嘉時期三大史學名著。他因此有很高評價與稱譽。

1.錢大昕推崇甌北

碩學淹貫，通達古今，歎其《廿二史劄記》記誦之博，識見宏遠，於諸史不掩失，亦樂其長，此論古史特識，顏師古以來未有也。

2.李保泰稱揚

甌北先生以經世之才，冠古之識，輯《廿二史劄記》三十六卷，援古證今，貫串折衷，其裨於世者不少。

3.《清史稿》總編纂趙爾巽云

趙翼為文，人奇其才；精於史學，著《廿二史劄記》等；詩才亦優，有《甌北詩集》傳於世。

4.史學家梁啟超於其名著《清代學術概論》讚賞

趙翼《廿二史劄記》的最大特長，是用排比歸納法作比較研究，以觀歷代盛衰治亂之原。

5.《趙翼傳》的作者杜維運教授稱譽

趙甌北是中華大史學家之一，「古人讀盡全部正史而又能作歸納比較的深入研究者，以此書《廿二史劄記》為第一。」西方史學家每提到甌北，無不仰慕推崇。

6.當代復旦大學歷史教授周振鶴評價讚美

趙翼《廿二史劄記》是「披沙瀝金」的大學問。

第十九章　張之洞《勸學篇》

張之洞為名著《勸學篇》的作者。

一、張之洞生平傳略

張之洞（1837～1909），字香濤，直隸南皮（今河北）人，故世稱「張南皮」。生於清道光十七年（1837）之貴州興義知府官舍（時其父張鍈，任興義知府）；同治二年（1863）進士科第一甲第三名（探花）。

他從小眼光遠大，有謀略；十六歲就科中北直隸鄉試舉人第一名（解元），及朝廷殿試考中探花，授翰林院編修。

同治六年（1867），詔出「湖北」學政，後又遷為四川學政，於此刻板《書目答問》課讀教益西蜀學子。

光緒六年（1880），擢受翰林院侍講，旋為侍讀。七年，又升為內閣學士兼禮部侍郎；十一月，晉升外任山西巡撫。十年春，晉見皇上，尋升兩廣總督；提拔劉永福、馮子材於對抗法軍時，取得廣西諒山大捷。

在廣東創設水陸師學堂、槍砲廠，購兵艦；又創立廣州廣雅書院，文武併舉；十五年底，調任湖廣（兩湖）總督。十六

年，開漢陽鍊鐵廠、槍砲廠。二十一年，兼任兩江總督；不久，又回專任湖廣總督。

光緒二十一年（1895），甲午戰敗，有志之士，尋思變法富強。二十四年（1898）三月，之洞撰述著名代表作《**勸學篇**》；分內篇（九篇），外篇（十五篇），凡二十四篇，苦心專誠宣導「中體西用」，勸「學」圖強。

二十六年（1900），京師爆發八國聯軍庚子之亂，危急存亡之秋，兩江總督劉坤一、兩廣總督李鴻章、山東巡撫袁世凱，邀託張之洞一起與在華外國領事簽成〈東南互保協定〉；及慈禧、光緒皇上西幸（西安），聯軍入京擄掠，而東南無戰火；隔年（1901），〈辛丑和議〉，兩宮回北京，敘賞之洞有功，加授太子「少」保銜。

之洞又上奏，言中國積弱不振，宜有變通，奏停改科舉、設新式學堂、獎勵遊學，興辦教育，提拔新人才。

三十年（1904），朝廷遂宣布辦理最後一次科舉考試。

三十一年（1905），張之洞與袁世凱等封疆大臣，再上疏聯奏，朝廷乃廢止已實行有一千三百年（605～1905）之科舉考試，而轉為新式教育，掄取新人才。

三十二年（1906），之洞擢升協辦大學士，旋又晉升體仁閣大學士，又授軍機大臣，兼管學部，等同相位。

光緒三十四年（1908）農曆十月二十一與二十二日，皇帝與慈禧皇太后竟在兩日之內相繼崩逝；之洞以「顧命大臣」加授太子「太」保銜。

隔年之宣統元年（1909）八月，張之洞勞瘁疾薨，享年七

十三歲，頒諡「文襄」，入祀賢良祠，歸葬家鄉南皮。[1]

　　約兩年後之宣統三年（1911）十月十日，以新軍與中部同盟會湖北分部聯合之武昌起義成功，各省即相繼響應，遂推翻滿清帝制，而創立民主共和國。

　　綜觀其一生行傳，多彩多姿，在翰林院十八年，任山西巡撫三年，總督二十三年（兩廣六年，湖廣十七年；短暫兼署兩江）；晚年任大學士暨軍機大臣相位三年，可謂轟轟烈烈清季大臣，為近代史上關鍵人物。[2]

　　《清史稿》與《清史》皆列有〈張之洞傳〉，茲合參摘要為其傳略。

　　　　張之洞，字香濤，直隸南皮人。少有大略，舉鄉試第一。同治二年，成進士，用一甲三名授編修。旋督湖北學政、四川學政。光緒六年，授侍講，遷侍讀。七年，授山西巡撫。十年，為兩廣總督。圖強，設廣東水陸師學堂，復立廣雅書院，文武並舉。在粵六年，調補兩湖，開煉鐵與砲鋼廠；二十一年，代督兩江，尋還任湖北。時〔甲午戰敗〕國威新挫，朝士議變法。二十四年，著《勸學篇》。二十六年，京師亂，與坤一、鴻章、袁世凱，定保護東南之約，幸無事。和議成，論功，加太子少保。上變法奏疏，宜變通，停科舉，設學堂，獎遊學。三十

1　龐堅、胡鈞校點，《張之洞詩文集》，〈（附錄）張文襄公年譜〉。
2　莊練（蘇同炳），《中國近代史上的關鍵人物》（上），〈張之洞〉，頁132-133。

二年，晉協辦大學士；旋擢體仁閣大學士，授軍機大臣，兼管學部。三十四年，德宗暨慈禧皇太后相繼崩，之洞以顧命大臣晉太子太保。逾年，疾卒，年七十三；諡文襄。論曰：德宗親政，思變法自強。戊戌之變禍，庚子之亂，太后垂簾。宣統改元，而大事不可問矣。之洞欲挽救而未能，遂以憂卒。

二、《勸學篇》精要概編

最早提出「中體西用」思想觀念的文人是馮桂芬（1809～1874，蘇州人，進士榜眼，為李鴻章幕僚，建議設置「廣方言館」、「同文館」而致力西學。）

他在咸豐十一年（1861），撰刊《校邠廬抗議‧採西學議》，首先提議：「以中國倫常名教為本（體），輔以西洋諸國，（用）其富強之術。」建請改革科舉，廣取士子；採用西學，製造洋器。

又有響往西學的鄭觀應（1841～1923，廣東香山人，師從英人傳教士傅蘭雅學習英文，後任上海寶順洋行經理，與洋商來往，成為實業家，李鴻章委託他辦理上海電報局，復任招商局幫辦；孫中山至滬，聞其甚受李鴻章信任，又有同鄉之誼而認識，並研草〈上李鴻章書〉。）

他在光緒二十年（1894）的《盛世危言‧西學》版本中，提到：「中學其本也，西洋其末也；要主（體）以中學，輔（用）以西學。」

　　然則，真正一直在實踐「中體西用」，且又切身能以《勸學篇》作理論總結者，當然就是科中探花，而又長期高官督撫、大學士暨軍機大臣等同相位的張之洞。

　　於是，他就成為「中體西用」的最代表人物。

　　《勸學篇》發表於光緒二十四年（1898），時任湖廣（湖北、湖南）總督任署，分有內篇（九篇）、外篇（十五篇），共二十四篇。

　　要旨在順應時勢，救國圖強；改變科舉，設立新式學堂教育，培養新人才；循序以進，存中學，並講西學，舊、新並存兼學；兩者會通，中學為內學，治身心；西學為外學，應世事；西學必先由中學始，中西互通；簡言之，中體西用也。

　　張之洞在《勸學篇》首「序」略言：

　　　　今日之世變，圖救時者言新〔西〕學，慮害道者守舊〔中〕學；舊者不知通，新者不知本；不知通，則無應敵制變之術；不知本，則有非薄名教之心。……人才之盛衰，其表在政，其裏在學；乃規時勢，著論二十四篇，〈內篇〉九，〈外篇〉十五……二十四篇之義，括之以五知：（一）、知恥：恥不如日本、土耳其。（二）、知懼：懼為印度、越南、朝鮮〔淪為外人殖民地〕。（三）、知變：要變法〔圖強〕。（四）、知要：中學欲致用為要，西學以西政為要。（五）、知本：不忘國，不忘親，不忘聖。孔子曰：好「學」近乎知（智），無學無力，有學有力。吾恐海內士大夫狃於晏安而不知禍之將及，

又恐甘於暴棄而不復求強。唯知禍亡,則知求強矣。　光
緒二十四年三月　南皮張之洞書。

以下,簡要概介《勸學篇》內、外篇:
〈內篇・同心第一〉

范文正〔仲淹〕以天下為己任;顧亭林曰:天下匹夫有
責。全盛之世,庠以勸學,同心齊力,人才奮於下,則
朝廷安於上。欲救今日世變者,曰保國、保教、保種,
合為一心,是謂同心。講求富強,尊朝廷而衛社稷,君
臣四民同心同力,此之謂也。

〈教忠第二〉

當此時世艱虞,凡我報禮之士,戴德之民,當各抒忠愛,
與國為體。凡犯上作亂者,拒之;大順所在,天必佑之。

〈明綱第三〉

君臣、父子、夫妻謂之三綱;《禮記》云:親親、尊尊、
長長也。五倫之要,百行之原,聖人所以為聖人,實在
於此。

〈知類第四〉

西人分五大洲之民為五種類：白、黃、棕、黑、紅人；美洲才智者與英同為白種，性情相近親厚。我亞洲華人為黃種，三皇五帝自古以來，文明之治；而今歐洲各國，勃發鬥力奮強；獨我中國士夫庶民懵然罔覺，五十年來，傲惰偷安，情見勢絀，而外侮亟矣。

〈宗經第五〉

自漢武帝摒斥百家，〔尊儒術〕，一以六藝為斷；今欲通學益智，當以經義權衡而節取之。惟經義有迂曲難通、紛歧莫定者，當以《倫語》、《孟子》折衷之。

〈正〔民〕權第六〉

國有大事，京官可陳奏，可呈請代〔民〕奏；果有忠愛之心，何患其〔民情〕不能上達？此時何必襲議院、開議院哉！必俟學堂大興，人才日盛，然後議之，今非其時也。

按，張之洞此〈正權第六〉，不同意設議院，給民權，乃《勸學篇》中，最被非議者。唯當時（1898）至今（2024），已有一百二十六年之久，時代情勢變遷，由帝制而民國，

國情民情已不可同日而語也。

〈循序第七〉

今欲強中國,則不得不講西學。孔子集千聖,等百王,參天地,贊化育;今之學者,必先明中華先聖先師教旨,考史以識歷代治亂,涉獵文集以通中華學術;然後擇西學可以補吾缺者「用」之,西政可以起吾疾者取之;而西學必先由中學。

〈守約第八〉

今欲存中學必自守約始:史學擇其治亂有關今日可鑒戒者,以讀趙翼《廿二史劄記》,司馬公(光)《資治通鑑》,最純正致用。若考古史學,不取。政治書以讀近今政事為切用者。學地理專在知今地球、外洋、方域、遠近、都會海口、貧富強弱;尤重在俄、法、德、英、日、美六國。

〈去〔煙〕毒第九〉

洋煙之害,乃今日洪水猛獸,流毒百餘年,廢人才,弱兵氣,耗財力。孔子曰:「知恥近乎勇」,孟子曰:「不恥不若人」;使孔孟復生,再明教天下,其必自戒煙始。

〈外篇・益智第一〉

歐洲之為國，教養富強，自輪船鐵路暢通，煥然巨變……
道光之季，西國愈強；中國愈陋而被巨創〔鴉片戰
爭〕。……故智以救亡，學以益智。求智之法如何？去
妄、去苟。固陋虛驕，妄之門也；僬倖怠惰，苟之根也。

〈遊學第二〉

日本小國耳，何興之也？伊藤〔博文〕出洋，復率其徒
分詣德、法、英諸國，歸為將相，政事雄視東方。遊學
先東洋：路近省費；東文或近中文，易通曉；西學不切
要者，東洋人已刪改；事半功倍，無過於此。若自欲精
備，再赴西洋，有何不可？

〈設學第三〉

各省、道府、州縣，皆宜有學。京師省會為大學堂，道
府為中學堂，州縣為小學堂。學堂至要：新、舊兼學，
舊學為體，新學為用。政、藝兼學，救時之計，政急於
藝，然亦宜略考西藝功用。

〈學制第四〉

各國學制，讀有定書，課有定程，學成有定期。小、中、大學，期滿之後，給予執照（證書），國家欲用人才，驗其學堂憑據，知其以何官職（等）授之。官無不習者，士無無用之學。

〈廣譯第五〉

多譯西國有用之書，以教不習西文之人。譯書之法：設譯書局、選譯要書；集有力書賈（商）、文人，廣譯銷流，天下得其用。夫不識西文，不譯西書，人謀我而不聞，人殘我而不見。若學東洋（日）文，譯西洋書不如（轉）譯東書。

〈閱報第六〉

語曰：不出（門）戶，知天下事。乙未〔甲午戰爭〕以後，志士文人，創開報館，擴見聞，長志氣。吾謂報〔紙〕之益於人國者，博聞，次也；知病，上也。古云：士有諍友，今云：國有諍鄰，不亦可乎！

〈變法第七〉

窮則變，變則通；與時偕行，變通盡利。今之排斥變法者，一為泥古迂儒，一為苟安俗吏，一為苛求浮言談士。

此人（為）之病，非（變）法之病也。法者，以適變也，
是故求變而有功，變而無弊。

〈變科舉第八〉

中國士宦，出於〔隋唐〕科舉。自明至今，文勝而實衰，
法久而弊起。今時局日新，而應科舉者，傲然曰：吾習
者，孔孟堯舜也。遇講時務者，尤鄙夷排擊之；故人才
益乏，無能為國家扶危禦侮者。救時之才，何由可得？
曰：必自變法始，變法必自變科舉始。

〈農工商學第九〉

勸農學之要，在講化學，有肥料、農具等新法利器，省
力而倍收。勸工學之要，在以工師講明機器原理；又教
匠首習其器而心目指能巧。勸商學之要，在譯西國商律，
舉商會人出洋遊歷，閱歷各國口岸。又以勸農工商學，
非士紳講之，官吏勸之不可。

〈兵學第十〉

論語：「以不教民戰，是謂棄之」。諸葛亮曰：「八陣
既成，行師庶不覆敗。」岳（飛）武穆曰：「運用之妙，
存乎一心。」是必先教習以能戰之具，範之以不敗之法，

而後施方略，言運用。

〈礦學第十一〉

礦學者，兼地質、理化、工程三者，其利甚博，而其事甚難。今日礦學萬事根本，在於煤，較他礦尤急。考英國之富，煤礦興而利國利民；煤源一斷，機器立停，百舉〔火車、輪船〕俱廢，雖有富強之策，安所措手哉！

〈鐵路第十二〉

鐵路使士之利在遊歷廣見聞；農之利暢地產；工之利在用機器、運煤；商之利在速行程、省運費；兵之利在速徵調、載糧械，縱橫守四方。夫如是，天下如一室，九州如指臂。東西各國近三十年來，無不以建鐵路為急。我國若內無鐵路，則五方隔絕，中華豈尚有生機乎？

〈會通第十三〉

今日舊（中）學惡新（西）學，新學輕舊學。今惡西（新）法者，是自塞也，固蔽傲慢；是自欺也，空言爭勝，謂孔教合於耶穌，不求實事；是自擾也，令人眩惑，失其所守。此三蔽皆由其不會通；然則，如之何？曰：中學為內學（體），治其心；西學為外學（用），應世事。

〈非弭兵第十四〉

兵之於國家，猶氣之於人身也；人未有無氣而能生者，國未有無兵而能存者。今之強國，德以兵占我膠州，俄以兵占我旅順；我無兵力而望人弭之，不為萬國笑乎？欲弭兵，莫如先練兵。兵雄船多，砲臺固軍械富，鐵路日通，則各國相視而不敢先動。故知弱小之國欲求弭兵之為笑柄哉！

〈非攻〔西〕教第十五〉

中外大通以來，西教堂佈滿中國，傳教既為條約所准，而焚教堂，又為明旨所禁。比來因山東殺教士案，德國遂藉口據膠州。彼教（士）不過如佛寺道觀，何能為害？不特此也，見西國衣冠者，愚夫則擲石毆擊逐之，則為無禮；一概憤疾，則不明；詔旨不奉，則不法；以數百人擊一二人，則不武；於是外國動謂中國無教化。國內薦紳儒者，皆有啟導愚蒙之責，慎勿以不智而為外人所笑也。

三、張之洞暨《勸學篇》評價稱譽

張之洞《勸學篇》「教忠、明綱，西學必先由中學」循序以進；「變法，變科舉，設學廣譯閱報造鐵路，「舊（中）新

（西）學會通」；折兩用其中道，中學為體，西學為用，中西融通，不偏中，不媚外，雙方兼顧並贏，為關鍵時代大人物，是見證歷史大篇籍。於是，評價高而多稱譽。

　　1.梁啟超言：「張之洞在湖廣主政多年，百姓口碑頗佳，皆以現代化自強自豪，或謂其在湖北建樹，為辛亥武昌起義有所關聯貢獻」。

　　2.《清史稿》總編纂趙爾巽推崇：「之洞武備文事並舉，著《勸學篇》見意，思變法圖強，停科舉，設新學堂，獎人才遊學，皆次第推行，變通而有功。」

　　3.《巧宦張之洞》作者張家珍讚揚

　　　　張之洞普育英才，湖北新軍與各書院學堂培育出來的黃
　　　　興〔湖南人，入讀武昌書院，湖北官費留日〕、宋教仁
　　　　〔湖南人，留日，創辦《民報》宣導革命，組織同盟會
　　　　華中總會湖北分會〕、張振武〔湖北人，入讀日本早稻
　　　　田大學，加入黃興所倡設體育會，練習戰陣，加入革命
　　　　同盟會，辛亥年推舉黃興為總司令鎮漢陽。〕、湯化龍
　　　　〔湖北人，官費留日：宣統二年任湖北諮議局議長；辛
　　　　亥武昌起義，鼓勵亦湖北人黎元洪（其曾追隨張之洞於
　　　　湖北教練新軍。）出任武昌革命臨時政府都督。〕等領
　　　　導中堅人物，為辛亥革命寫下光輝一頁。[3]

---

3 張家珍，《巧宦張之洞》，頁 165-166，〈培育英才〉。

4、孫廣德（1929～2017，台大、政大政治系所教授）評說最為折衷中肯

張之洞的中體西用，在當時是比較進步的見解，是比較合乎中道的妥善主張，而具有時代意義。它更妙的作用，在兼顧了中學與西學兩方，因頑固堅守中國傳統者，與激進倡導西化者，各自有得其「體」、「用」，乃稍作讓步而得到安慰，不致於過份委屈悲憤。因對西化者來說，雖不能充份全盤西化，卻得有「西學為用」；對頑固堅守傳統者來說，雖不能完全固守傳統，卻得有「中學為體」。[4]

---

4 孫廣德，《晚清傳統與西化的爭論》，頁 171-172。

第二十章　朱祖謀《宋詞三百首》精要選編

朱祖謀為《宋詞三百首》之選輯者。

一、朱祖謀簡傳

朱祖謀（1857～1931），原名孝臧，字古微，號彊村（上彊村民），浙江歸安（湖州）上彊村人。生於清咸豐七年（1857），光緒九年（1883）進士，改翰林院庶吉士；三年後散館，授編修。歷官侍讀學士、禮部右侍郎、廣東學政。後辭官，寓居蘇州吳門，執教江蘇法政學堂，一心研治詞學；民國二十年（1931）仙逝於上海，後歸葬湖州。

他工於詞，於民國十三年（1924），編定《宋詞三百首》（初選三百首；重編本三百一十首），蓋仿孫洙（蘅塘退士）之《唐詩三百首》。

刊行問世後，由於選輯精到，具有代表性而影響廣大，遂流傳至今。

原書有臨桂（廣西桂林）況周頤（1859～1926，舉人，為

晚晴民初詞家）之序言，略云：

> 詞學極盛於南宋，讀宋人詞當於體格、神致間求之，以
> 渾成之境為學人必赴之程境。……彊邨（村）先生選《宋
> 詞三百首》為誦習之資，要求體格、神致、渾成為主旨；
> 取精用閎，自然妙造。彊邨茲選，宜人人置一編矣。　臨
> 桂　　況周頤。

二、《宋詞三百首》精要概編

范仲淹〈蘇幕遮〉

> 碧雲天，黃葉地，秋色連波，波上寒煙翠。山映斜陽天
> 接水。芳草無情，更在斜陽外；黯消魂，追旅思，夜夜
> 除非好夢留人睡。明月樓高休獨倚，酒入愁腸，化作相
> 思淚。

張先〈天仙子〉

> 水調數聲持酒聽。午醉醒來愁未醒。送春春去幾時回，
> 臨晚鏡。傷流景。往事後期空記省。沙上並禽池上暝。
> **雲破月來花弄影**。重重簾幕密遮燈，風不定。人初靜。
> 明日落紅應滿徑。

王國維《人間詞話》讚評，「雲破月來花弄影」，著一「弄」字，而境界全出矣。

晏殊〈浣溪沙〉

一曲新詞酒一杯，去年天氣舊時臺。夕陽西下幾時回？**無可奈何花落去，似曾相識燕歸來。**小園香徑獨徘徊。

歐陽修〈蝶戀花〉

庭院深深深幾許？楊柳堆煙，簾幕無重數。玉勒雕鞍遊冶處。樓高不見章臺路。雨橫風狂三月暮。門掩黃昏，無計留春住。**淚眼問花花不語，亂紅飛過鞦韆去。**

柳永〈雨霖鈴〉：

寒蟬淒切。……**多情自古傷別離，**更那堪冷落清秋節。**今宵酒醒何處？楊柳岸，曉風殘月。**此去經年，應是良辰好景虛設。便縱有千種風情，更與何人說？

柳永〈蝶戀花〉

……擬把疏狂圖一醉。對酒當歌，強樂還無味。**衣帶漸寬終不悔。為伊消得人憔悴。**

晏幾道〈臨江仙〉

夢後樓臺高鎖，酒醒簾幕低垂。去年春恨卻來時，**落花
人獨立，微雨燕雙飛。**記得小蘋初見，兩重心字羅衣；
琵琶弦上說相思，當時明月在，曾照彩雲歸。

蘇軾（東坡）〈水調歌頭〉

明月幾時有，把酒問青天。不知天上宮闕，今夕是何年？
我欲乘風歸去，惟恐瓊樓玉宇，高處不勝寒。起舞弄清
影，何似在人間。轉朱閣，低綺戶，照無眠。不應有恨，
何事偏向別時圓？**人有悲歡離合，月有陰晴圓缺，此事
古難全。但願人長久，千里共嬋娟。**

胡仔《苕溪漁隱叢話·後集卷三十九》：「中秋詞，自東
坡〈水調歌頭〉一出，餘詞可盡廢。」
蘇軾〈念奴嬌〉

大江東去，浪淘盡，千古風流人物。……江山如畫，一
時多少豪傑。……多情應笑我，早生華髮，人間如夢，
一尊還酹江月。

蘇軾〈永遇樂〉：　彭城夜宿燕子樓，夢盼盼，因作此詞。

明月如霜，好風如水，清景無限。……天涯倦客，山中歸路，望斷故園心眼。**燕子樓空，佳人何在？空鎖樓中燕。**古今如夢，何曾夢覺，但有舊歡新怨。異時對，黃樓夜景，爲余浩嘆！

蘇軾〈定風波〉

莫聽穿林打葉聲，何妨吟嘯且徐行。竹杖芒鞋輕勝馬，誰怕？一簑煙雨任平生。料峭春風吹酒醒。微冷。山頭斜照卻相迎。**回首向來蕭瑟處，歸去，也無風雨也無晴。**

秦觀（少游）〈滿庭芳〉

山抹微雲……斜陽外，寒鴉數點，**流水遶孤邨。**消魂。當此際，香囊暗解，羅帶輕分。**漫贏得青樓，薄倖名存。**此去何時見也？襟袖上，空惹啼痕。傷情處，高城望斷，燈火已黃昏。

李之儀〈卜算子〉

我住長江頭，君住長江尾。日日思君不見君，共飲長江水。此恨何時休？此恨何時已？只願君心似我心，定不負，相思意。

周邦彥〈西河〉　金陵懷古

佳麗地。南朝盛事誰記？……酒旗戲鼓甚處市，想依稀。
王謝鄰里。燕子不知何世，向尋常巷陌人家，相對如說
興亡，斜陽裡。

岳飛〈滿江紅〉

怒髮衝冠……**三十功名塵與土，八千里路雲和月。**莫等
閒白了少年頭，空悲切。靖康恥，猶未雪。臣子恨，何
時滅。……待從頭，收拾舊山河，朝天闕。

陸游（放翁）〈漁家傲〉

東望山陰何處是？往來一萬三千里。寫得家書空滿紙，
流清淚。書回已是明年事。寄語紅橋橋下水。扁舟何日
尋兄弟？行遍天涯真老矣。愁無寐，鬢絲幾縷茶煙裡。

辛棄疾〈青玉案〉

東風夜放花千樹。寶馬雕車香滿路。……蛾眉雪柳黃金
縷。笑語盈盈暗香去。眾裡尋他千百度。驀然回首，那
人卻在燈火闌珊處。

王國維《人間詞話》云：古今成大事業、大學問者，必經此第三境界，非大詞人不能道也。

辛棄疾〈醜奴兒〉：

少年不識愁滋味，愛上層樓。愛上層樓，為賦新詞強說愁。而今識得愁滋味，欲語還休。欲語還休，卻道天涼好個秋。

吳文英（夢窗）〈浣溪沙〉

> 門隔花深夢舊遊。夕陽無語燕歸愁。玉纖香動小簾鉤。
> 落絮無聲春墮淚，行雲有影月含羞。東風臨夜冷於秋。

蔣捷〈虞美人〉：

> 少年聽雨歌樓上。紅燭昏羅帳。壯年聽雨客舟中。江闊雲低，斷雁叫西風。而今聽雨僧廬下，鬢已星星也；悲歡離合總無情。一任階前，點滴到天明。

李清照（易安）〈鳳凰臺上憶吹簫〉

> ……生怕離懷別苦，多少事欲說還休。新來瘦。非干病酒。不是悲秋。……煙鎖秦樓。惟有樓前流水，應念我終日凝眸。凝眸處，從今又添一段新愁。

李清照〈醉花陰〉

薄霧濃雲愁永晝。瑞腦消金獸。佳節又重陽，半夜涼初
透。東籬把酒黃昏後。有暗香盈袖。莫道不消魂？簾捲
西風，人比黃花瘦。

李清照〈聲聲慢〉

尋尋覓覓。冷冷清清，悽悽慘慘戚戚。乍暖還寒時候，
最難將息。三杯兩盞淡酒，怎敵它晚來風急。雁過也，
最傷心，卻是舊時相識；滿地黃花堆積。憔悴損，如今
有誰堪摘？守著窗兒，獨自怎生得黑？梧桐更兼細雨，
到黃昏點點滴滴。這次第。怎一個愁字了得？

三、朱祖謀暨《宋詞三百首》評價讚譽

朱祖謀與況周頤、王鵬運（1850～1904，號半塘），被稱
譽為「清末三大詞家」，故有多方高度評價。

1.王國維《人間詞話》稱揚：

近人彊村（朱祖謀）詞之隱秀，在「半塘」之上，高華
疏越；學人之詞，斯為極則。

2.陳三立（1853～1937，父為湖南巡撫陳寶箴；長子陳師
曾，大畫家，三子陳寅恪，為大史學家；女婿俞大維，前國防
部長。）讚賞

　　彊村詞沈抑綿邈，旨大義遠，志潔物芳，曠百世也。

3.張爾田（1874～1945，舉人，詞家，北大教授）評論

　　先生為詞，如龍鸞翔，而蘭苕發，擬之有宋，遠旨近言。

4.葉恭綽（1881～1968，與朱祖謀結詞社，與龍榆生創《詞學季刊》）稱譽

　　彊村詞，集清季詞學之大成。境界開拓，開來啟後。

5.況周頤讚譽

　　彊村選《宋詞三百首》，神致、渾成為主旨，取精用閎，自然妙造，茲選宜人人置一編矣。

主要參考書目

丁文江，《明徐霞客先生宏祖年譜》，商務，1978 年。

丁如明、聶世美校點，《白居易全集》，上海古籍出版社，1988 年。

山東人民出版社，《王羲之志》，2001 年。

（北平）中華書局，《古今圖書集成》，影印本，1934 年。

木鐸出版社，《資治通鑑介紹》，1983 年。

卞孝萱、卞岐編，《鄭板橋全集》，南京：鳳凰出版社，2012 年。

王樹民校證，《廿二史箚記》，北京：中華，2001 年。

王建生，《趙甌北研究》，學生書局，1988 年。

王建生，《鄭板橋研究》，文津，1999 年。

王明通，《漢書導論》，五南，1991 年。

王文濡評校，《古文辭類纂》，上海：文明書局，1924 年。

王鎮遠，《桐城派》，上海古籍出版社，1990 年。

王水照，《蘇軾》，萬卷樓，1993 年。

王玉花，《書聖王羲之》，華嚴，1996 年。

王家城，《鄭板橋傳》，九歌，2001 年。

司馬光，《資治通鑑》，中新書局，1978 年。

朱祖謀選編，汪中新譯，《宋詞三百首》，三民，1976 年。

朱金城箋校，《白居易集》，上海古籍出版社，1988 年。

朱惠榮，《徐霞客遊記校註》，雲南人民出版社，1999 年。

朱惠榮，《徐霞客與徐霞客遊記》，北京：中華，2003 年。

安旗主編，《李白全集編年註釋》，成都：巴蜀書社，
　　2000 年。

江蘇教育出版社，《徐學概論──徐霞客及其遊記研究》，
　　1999 年。

衣若芬，《蘇東坡》，有鹿文化，2020 年。

阮芝生，〈論史記五體及「太史公曰」的述與作〉，《台大歷
　　史學報》，6 期，1979 年 12 月。

吳小林，《唐宋八大家》，里仁，1999 年。

吳家駒註譯，《菜根譚》，三民，1998 年。

吳哲夫，《四庫全書纂修之研究》，台北：故宮，1990 年。

吳兢，《貞觀政要》，黎明，1990 年。

吳金娥，《唐（順之）荊川先生研究》，文津，1986 年。

李宗侗，《中國史學史》，文化大學，1991 年。

李文澤、霞紹暉校點，《司馬光集》，四川大學，2010 年。

李學穎、曹光甫校點，《甌北集》，上海古籍出版社，
　　1997 年。

李鳳仙評註，《（張之洞）勸學篇》，北京：華夏，2002 年。

李凌，《蘭亭書藝》，藝術圖書，1975 年。

（唐）李善註，《昭明文選》，收錄於〈文淵閣四庫全書〉，
　　第 1329 冊。

李威熊，《漢書導讀》，文史哲，1997 年。

（南宋）李公煥，《箋注陶淵明集》，上海商務，1936 年。

沈謙、黃永武、曾永義等，《詩詞曲賞析》，空大，1990 年。

沈文泉，《朱彊村(祖謀)年譜》，浙江古籍出版社，2013 年。

杜維運，《趙翼傳》，時報，1983 年。

何廣棪輯著，《李易安集繫年校箋》，里仁，1980 年。

金靜庵，《中國史學史》，鼎文，1998 年。

周啟成等譯註，《新譯昭明文選》，三民，2007 年。

邱燮友，《新譯唐詩三百首》，三民，1999 年。

紀昀總編纂，《文淵閣四庫全書》（1500 冊），台灣商務館影
　　印，1986 年。

茅坤編，《唐宋八大家文鈔》，收錄於《文淵閣四庫全書》，
　　第 1383～1384 冊。

（宋）胡仔，《苕溪漁隱叢話》，木鐸，1982 年。

胡三省，《資治通鑑註》，世界書局，2012 年。

姚鼐，《古文辭類纂》，萬國圖書，1955 年。

孫洙（蘅塘退士），《唐詩三百首》，吳紹志校譯，台南：祥
　　一，2000 年。

徐調孚校註，《（王國維）人間詞話》，弘道文化，1981 年。

孫廣德，《晚清傳統與西化的爭論》，商務，1995 年。

馮振凱，《中國書法史》（第三章王羲之），藝術圖書，
　　1998 年。

陳建明，《王羲之蘭亭序》，香港：翰墨軒，2002 年。

陳錦榮編註，《李煜、李清照詞》，遠流，2000 年。

陳友冰，《唐宋八大家散文鑑賞》，五南，1997年。

陳伯海，《嚴羽和滄浪詩話》，萬卷樓，1993年。

陳鐵民校註，《王維集》，北京：中華，1997年。

陳滿銘，〈范仲淹的蘇幕遮〉，《國文天地》，15卷1期，1999年6月。

陳滿銘，〈蘇軾的水調歌頭〉，《國文天地》，17卷5期，2001年10月。

張弘，《中華行書名作鑑賞》，呼和浩特，遠方出版社，2004年。

張之洞，《勸學篇》，光緒二十四年（1898）三月，文海出版社。

張大芝、張夢新點校，《茅坤集》，杭州：浙江古籍出版社，1993年。

（清）張伯行選評，《唐宋八大家文鈔》，北京：中華，2010年。

張家珍，《巧宦張之洞》，久大文化，1992年。

（清）陶澍，《陶淵明集注》，商周，2019年。

康震，《蘇東坡》，木馬文化，2010年。

康錫仁、楊文衡，《徐霞客及其遊記研究》，北京：中國社會科學出版社，1987年。

陶晉生，〈手足之愛──蘇軾、蘇轍兄弟情深〉，《歷史月刊》，162期，2001年7月。

戚志芬，《中國的類書政書與叢書》，商務，1995年。

梁啟超，《中國近三百年學術史》，台灣：中華，2019年再版。

梁啟超，《清代學術概論》，上海古籍出版社，2019 年。

郭紹虞校釋，《（嚴羽）滄浪詩話》，北京：人民文學出版社，
　　2005 年。

郭伯恭，《四庫全書纂修考》，嶽麓書社，2010 年。

許道勳註譯，《（吳兢）貞觀政要》，三民，2000 年。

葉慶炳，《中國文學史》，學生書局，1987 年。

傅成、穆儔標點，《蘇軾全集》，上海古籍出版社，2000 年。

黃登山、黃炳秀，《歷代文選分類詳註》，學生書局，2009
　　年。

黃景進，《嚴羽及其詩論之研究》，文史哲，1986 年。

黃坤註譯，《徐霞客遊記》，（上、中、下冊），三民，
　　2002 年。

黃兆強，《廿二史劄記研究》（增訂版），學生書局，
　　2024 年。

黃淑貞，《用年表讀通中國文學史》，商周，2013 年初版
　　5 刷。

黃琳選註，《揚州八怪》，長沙：岳麓書社，1998 年。

楊家駱主編，《古今圖書集成》，鼎文，1977 年。

楊子忱、李建良、宋益三，《紀曉嵐傳》，國際村文庫，1999
　　年。

楊成寅，《王羲之》，中國人民出版社，2005 年。

楊良玉，《胡仔‧苕溪漁隱叢話研究》，花木蘭，2021 年。

褚紹唐，《徐霞客旅行路線考察圖集》，中國地圖出版社，1988
　　年。

隗瀛濤，《中體西用之夢──張之洞傳》，成都：四川人民出版社，1995年。

趙翼，《二十二史箚記》（三十六卷），商務，1965年。

鄭燮，《鄭板橋集》，北縣：漢京文化，1982年。

鄭騫，《詞選》、《續詞選》，文化大學，1982年。

夏松涼，《杜（甫）詩鑒賞》，沈陽：遼寧教育出版社，1986年。

劉兆祐，〈六十年來漢書之研究〉，《六十年來之國學‧（三）史學》，正中，1974年。

劉兆祐，《中國目錄學》，五南，1998年。

劉兆祐，《治學方法》，三民，1999年。

劉兆祐等，《國學導讀》，北京：人民大學出版社，2005年。

劉兆祐，《文獻學》，三民，2007年。

錢穆，〈中國古代大史學家司馬遷〉，《民主評論》，四卷八期，1953年4月。

錢穆，《中國史學名著》（史記、漢書、資治通鑑等），三民，1988年。

錢穆，《國史大綱》，第九章〈東漢王室諸帝年壽〉；二十二章〈貞觀之治〉；四十六章〈晚清之廢科舉興學校〉；臺灣商務，1999年，修訂三版三刷。

謝冰瑩等註譯，《古文觀止》，三民，2002年。

懶散道人，《重校評註南唐二主詞》，廣文，1981年。

龔斌校箋，《陶淵明集》，里仁，2007年。

釋聖印譯注，《菜根譚》，五南，2014年。